Aprendendo a Filosofar em 25 Lições

Nicholas Fearn

Aprendendo a Filosofar em 25 Lições

Do poço de Tales à desconstrução de Derrida

Tradução:
Maria Luiza X. de A. Borges

ZAHAR

Para Charlotte

Título original:
Zeno and the Tortoise
(How to Think a Philosopher)

Tradução autorizada da primeira edição inglesa
publicada em 2001 por Atlantic Books, um selo de Grove Atlantic
de Londres, Inglaterra

Jorge Zahar Editor Ltda.
rua Marquês de S. Vicente 99 – 1º | 22451-041 Rio de Janeiro, RJ
tel (21) 2529-4750 | fax (21) 2529-4787
editora@zahar.com.br | www.zahar.com.br

Grafia atualizada respeitando o novo Acordo Ortográfico da Língua Portuguesa

Capa: Folio Design
Composição: Textos & Formas

CIP-Brasil. Catalogação na fonte
Sindicato Nacional dos Editores de Livros, RJ

Fearn, Nicholas
F311a Aprendendo a filosofar em 25 lições: do poço de Tales à desconstrução de Derrida / Nicholas Fearn; tradução, Maria Luiza X. de A. Borges. — Rio de Janeiro: Zahar, 2004.

Tradução de: Zeno and the Tortoise (how to think a philosopher)
ISBN: 978-85-7110-768-7

1. Filosofia – Introduções. 2. Filósofos. I. Título.

04-0199 CDD: 100
CDU: 1

Sumário

Prefácio

Há um provérbio que diz: "Não aprenda os truques do ofício, aprenda o ofício", mas alguns "truques" são muito importantes para os filósofos. Para pensar racionalmente é preciso lançar mão da ferramenta filosófica certa na hora certa, seja a navalha de Occam, o garfo de Hume ou algum outro expediente da caixa de ferramentas do pensador. As contribuições mais duradouras dos grandes filósofos são as ferramentas de pensamento, os métodos e abordagens que inventam ou descobrem e que, muitas vezes, sobrevivem às teorias e sistemas que constroem ou aos que procuram demolir com essas ferramentas. Este livro tenta levar o leitor desde os primeiros modelos forjados pelos antigos até alguns dos sofisticados equipamentos empregados pelos filósofos profissionais de hoje. O objetivo é não apenas mostrar o *que* os grandes filósofos pensaram, mas também demonstrar *como* pensaram. Alguns deles, como Guilherme de Occam e Gilbert Ryle, legaram-nos ideias com aplicações muito específicas, ao passo que outros, como Tales e Nietzsche, estão incluídos aqui por suas abordagens e métodos gerais. O que se segue não é um inventário exaustivo, e muitos grandes pensadores acabaram sendo deixados de fora. Spinoza e Leibniz, por exemplo, são omitidos não porque suas inovações tenham sido pouco importantes ou duradouras, mas em virtude de uma preocupação em apresentar ao leitor comum a informação mais útil e mais facilmente assimilável.

A capacidade de aplicar as técnicas da filosofia é de grande ajuda para a compreensão das doutrinas de seus maiores expoentes. Não precisamos ser violinistas para gostar de Vivaldi, mas o modo como metabolizamos conhecimento é bem diferente do modo como apreciamos música. Como seres humanos pensantes, tendemos a não nos sentir seguros com conhecimentos aprendidos de cor. Saber multiplicar por sete, por exemplo, não é apenas uma questão de decorar a tabuada de sete. As crianças ficam sabendo que duas vezes sete são 14, que três vezes sete são 21 e assim por diante, mas não compreendem multiplicação até serem capazes de calcular para além dos exemplos já dados, isto é; 13 x 7, 200 x 7... A compreensão real exige participação por parte de quem aprende. Só sabemos verdadeiramente uma coisa quando já a aplicamos, manipulamos ou lhe acrescentamos algo, e é isto que este livro pretende permitir ao leitor fazer. Além disso, ao iluminar o modo como os filósofos pensavam, espero que leitores leigos se vejam capazes de pensar em linhas semelhantes. É característico dos gênios que sua obra seja ao mesmo tempo inteiramente original, e, não obstante, eminentemente duplicável. Não é preciso ser necessariamente um mestre para reproduzir métodos que só puderam ser arquitetados mediante mestria filosófica. Embora as obras da filosofia sejam às vezes misteriosas ou impenetráveis, as ferramentas usadas para criá-las são, com frequência, notavelmente simples, podendo o leitor apreendê-las e aplicá-las rapidamente aos próprios pensamentos.

1. O Poço de Tales

O mundo numa gota d'água

No verão de 1999, a Universidade de Cornell publicou uma pesquisa dando a entender que o amor é, na verdade, uma droga. Para ser preciso, o que produz a sensação que chamamos "paixão" é um coquetel de dopamina, feniletilamina e oxitocina na corrente sanguínea. O amor, afirmaram os pesquisadores, é na verdade uma forma de loucura quimicamente induzida. Esse estado perdura até que o corpo desenvolva imunidade às substâncias envolvidas, o que demora exatamente o tempo necessário para que um casal namore, case e crie um filho até a primeira infância. A teoria parece suspeita, se não francamente ofensiva. O amor, nós sentimos, é o que de mais importante pode acontecer a uma pessoa e deveria ser posto num pedestal, não numa seringa injetável nos que dele são carentes. As conclusões da Universidade de Cornell basearam-se no princípio do "reducionismo": a ideia de que é possível compreender as coisas reduzindo-as às suas partes componentes, ou de que processos complexos, de grande escala, podem ser compreendidos em termos de processos mais simples. A pesquisa poderá ser invalidada mais cedo ou mais tarde, mas, se sobreviver, não será o primeiro caso em que o pensamento reducionista vem dissipar nossas ilusões.

Outro exemplo de reducionismo é a crença de que a amigdalite é causada por certo tipo de bactéria que invade o corpo, e que a melhor maneira de tratá-la é atacar o germe diretamente mediante a administração de antibióticos. Uma tática alternativa — embora não aconselhada por muitos médicos do Ocidente — seria encarar essa doença como uma enfermidade do corpo todo, causada, talvez, por um "desequilíbrio" no sistema total do indivíduo.

Essa abordagem "holística" irá sugerir vários tratamentos, que podem ou não ser eficazes. Nos casos de doenças muito genéricas, uma visão holística da situação pode ser a mais sensata, ou pelo menos um complemento importante para a abordagem reducionista. Doenças cardíacas brandas, por exemplo, são por vezes tratadas não com remédios, mas sugerindo-se ao paciente que abandone o cigarro, reduza o colesterol e pratique exercícios físicos regulares. Até esse conselho, porém, é produto de investigações reducionistas da química e da fisiologia do organismo.

Apesar dos avanços científicos que nos propiciou, o reducionismo é uma espécie de palavrão hoje em dia. Há quem pense que, ao tentar compreender o universo, nós o maculamos. Inspecionamos com microscópios invasivos e disseminamos em línguas humanas bárbaras aquilo que só pôde ser criado mediante a graça divina de Deus. Armado das novas ciências genéticas, um botânico pode pretender ter decodificado a essência de uma rosa no genoma da planta. Não seria levado muito a sério por poetas como William Blake, autor da célebre crítica de que a ciência "assassina para dissecar"; ou pelo esteta do século XIX Walter Pater, que escreveu que o jardim do cientista teria "rótulos nos ramos em vez de flores". Mesmo que nem todos tenhamos tamanha aversão ao reducionismo, muitos de nós sentimos instintivamente que ele deve envolver simplificações grosseiras, ou que opera para "rebaixar a natureza ao nosso nível". Mas nosso nível é o único que temos, e não há necessariamente nada de errado com ele. O físico americano Richard Feynman opinou que não deveríamos ser excessivamente modestos acerca de nossas faculdades, observando que ele, como cientista, era capaz não só de apreciar a beleza estética de uma flor, como de se maravilhar perante suas intricadas estruturas bioquímicas. Ao mesmo tempo, no entanto, fomos vítimas das extravagâncias de Freud e Marx, que reduziram excessivamente a experiência humana a sexo e economia, respectivamente. A redução é uma ferramenta que pode ser mal empregada, mas devemos lembrar que ela nos proporcionou a viagem espacial e o Projeto Genoma Humano.

O primeiro filósofo reducionista — e também o primeiro filósofo ocidental de que se tem notícia — foi Tales, um grego nascido por volta de 636 a.C. em Mileto na Ásia Menor (hoje a Turquia). Tales foi um dos "sete sábios" — os homens dos séculos VI e VII a.C. que alcançaram renome por sua sabedoria como governantes, legisladores e conselheiros. Eles tiveram suas máximas inscritas nas paredes do templo de Apolo em Delfos. Por todo o mundo antigo, reproduziram-se mosaicos representando suas cabeças barbadas, idosas, ao lado de frases como "Conhece-te a ti mesmo" e "Nada em excesso". Tales viajou por terras tão distantes quanto o Egito e a Babilônia para recolher conhecimentos de outras culturas. Quando voltou para sua pátria e ofereceu sua própria contribuição ao conhecimento, os gregos o aclamaram como fundador da ciência, da matemática e da filosofia. Parte de sua fama proveio de uma lenda contada 150 anos depois pelo historiador Heródoto. Usando a astronomia que aprendera no Oriente (ou, segundo outras autoridades, por puro palpite), Tales conseguiu prever que haveria um eclipse do Sol em 585 a.C. No dia previsto, os exércitos da Média e da Lídia estavam marchando para se enfrentar em batalha. Interpretaram o eclipse como uma advertência dos deuses e rapidamente interromperam as hostilidades para assinar um tratado de paz. Astrônomos modernos mostraram que o eclipse deve ter ocorrido em 28 de maio daquele ano. Isso significa que a batalha que não ocorreu é o único evento no mundo antigo que podemos datar com precisão.

Segundo uma história contada por Platão (428-347 a.C.), em uma bela noite Tales estava andando a esmo, estudando as estrelas, quando caiu dentro de um poço. Uma bonita escrava trácia ouviu os gritos do filósofo e ajudou-o a sair dali, mas não sem comentar, gracejando, que Tales era um homem "que estuda as estrelas mas não consegue ver o chão sob seus pés". Isso parece injusto, pois nem sempre Tales tinha a cabeça nas nuvens. Vários casos atestam suas habilidades práticas. Ele defendeu o estabelecimento de uma união política entre as cidades-Estado gregas da Jônia como a única maneira de frustrar as intenções expansionistas de sua rival, a Lídia. Embora ignorado pelas autoridades, seu conselho verificou-se extremamente apropriado nos séculos seguintes. Aristóteles (384-322 a.C.) conta que Tales era criticado por sua pobreza, tomada como uma prova de que a filosofia não era útil a ninguém. Em resposta, o filósofo usou seus talentos para prever que a colheita de azeitonas na estação seguinte seria excelente. Em seguida, tratou de comprar todos os lagares de azeitonas de Mileto (presumivelmente tomando um empréstimo) e ganha uma fortuna quando a safra correspondeu às suas expectativas. Tales morreu aos 78 anos, de insolação, quando assistia a uma competição atlética. A inscrição em seu túmulo dizia: "Aqui jaz, num pequeno túmulo, o grande Tales; sua reputação de sabedoria, no entanto, chegou ao céu."

Não há indícios de que Tales tenha escrito livro algum; consta, porém, que declarou que ficaria satisfeito se aqueles que passassem suas ideias adiante as atribuíssem a ele, não a si mesmos. Dada sua crença de que o universo era feito de água, a maioria de nós acataria seu desejo de bom grado. A água, Tales afirmava, era a substância fundamental de que todas as outras se compunham. A matéria era água condensada e o ar, água evaporada. Toda a Terra, ele sustentava, era um disco que flutuava num lago gigantesco, cujas ondas e encrespações eram a causa dos terremotos. Segundo Aristóteles, Tales teve o primeiro vislumbre disso ao observar que a água era essencial a todas as formas de vida no mundo natural. A teoria de Tales parece bastante plausível quando consideramos que a água se apresenta nas formas sólida, líquida e gasosa. Embora equivocada, a ideia foi a primeira hipótese científica de que se tem registro.

Tales estava operando uma grande redução. As propriedades de todos os objetos do mundo, sejam eles metais, montanhas, gases ou pessoas, eram a seu ver redutíveis a um único conjunto de propriedades — as da água. Assim, se pulverizássemos bem as coisas, as dissecássemos ou as examinássemos de muito perto, encontraríamos não ferro, pedra ou carne, mas água. Pode parecer estranho que se queira explicar uma coisa em termos de outra em vez de tratá-la em seus próprios termos, mas é assim que a redução procede. Se desejamos compreender o mundo, isso significa que devemos pôr as coisas em termos que possamos entender. Reduzir uma coisa é como traduzi-la para uma língua mais inteligível. Depois da redução, um fenômeno torna-se mais facilmente manejável e menos misterioso porque é mais simples compreender componentes que um sistema inteiro.

Porém, se o único objetivo da redução fosse a simplificação, muitas das que são feitas em nosso tempo moderno seriam fracassos. Até onde sabemos, Tales não entrou em muitos detalhes sobre o modo preciso como a água forma os vários fenômenos do mundo natural, mas pelo menos a água é uma substância com a qual estamos bem familiarizados. A matemática da teoria atômica moderna, por outro lado, só é compreensível a um punhado de pessoas com formação apropriada. A redução torna as coisas mais inteligíveis, mas não necessariamente para todos. A compreensão comum das massas é com tanta frequência substituída pelo melhor entendimento de uns poucos que o reducionismo desperta fatalmente algum grau de desconfiança. Acresce que, em se tratando de explicações, o "mais simples" significa muitas vezes algo rudemente físico, e, assim, ser reducionista é muitas vezes o mesmo que ser materialista. Os reducionistas são atrapalhados também por uma escolha infeliz de termos. Tudo que a redução verdadeiramente "reduz" é a complexidade de uma explicação. Todo o resto que há para ser explicado com relação ao fenômeno continua existindo. Mas isso só ocorre na medida em que há um fenômeno real a reduzir. Os reducionistas descartam de bom grado coisas como almas e deuses, em que não poderiam acreditar. Embora explicações mais simples sejam consideradas "inferiores" por estarem mais próximas dos fatos mais básicos que conhecemos, poderíamos igualmente chamá-las "superiores" porque se elevam acima de detalhes irrelevantes e ofuscantes para chegar à verdade essencial das coisas. Assim, a hierarquia do conhecimento e da compreensão que o reducionismo fornece poderia ser vista como uma pirâmide comum, não uma pirâmide invertida.

Como a redução se aproxima da simplificação, há sempre o risco da supersimplificação. Vale a pena, portanto, estar atento ao que exatamente está sendo reduzido e a que poderes explanatórios, exatamente, a redução possui. É preciso perguntar se, ao reduzir alguma coisa, não estamos simplesmente descartando-a de nossa descrição do mundo. Seria possível reduzir o sabor dos damascos, por exemplo, à interação das moléculas da fruta com os receptores em nosso palato. Mas será que isso não desconsidera o sabor que os damascos realmente têm? Afinal, um indivíduo poderia saber quais são os constituintes químicos dos damascos sem jamais os ter comido. Apesar disso, a eliminação pode não ser de todo má. O entendimento humano avança por dois meios: a reunião de fatos para a descoberta de novos fenômenos e a união desses fenômenos sob a influência simplificadora de explicações redutivas. Por vezes constatamos que, assim que os dados disponíveis foram adequadamente reduzidos, surgem novos dados que lançam dúvida sobre a redução e exigem que reconsideremos o fenômeno em sua totalidade.

É paradoxal que, para compreender processos naturais corriqueiros, como a evaporação da água quando fervida, precisemos consultar níveis "inferiores" de organização e entidades desconhecidas como prótons e elétrons. Seria estranho sugerir que os níveis "mais elevados" de organização com os quais estamos acostumados a lidar — como o das nuvens, xícaras de café e lágrimas humanas — são de fato ilusórios. Mas às vezes os reducionistas científicos chegam perigosamente perto de afirmar isso ao dizerem que não somos "nada mais que amontoados de átomos". As palavras-chave são "nada mais que". Isso é correto se o dizemos no mesmo sentido em que afirmamos que um romance não é "nada mais que" um amontoado de marcas de tinta sobre papel, ou que um cérebro não é "nada mais que" um aglomerado de neurônios. Se os seres humanos não passam de amontoados de átomos, isso diz menos sobre a origem difusa da humanidade que sobre o espantoso potencial que átomos aparentemente inofensivos sob outros aspectos possuem.

Há um sentido, entretanto, em que um reducionista poderia afirmar que só os níveis mais básicos de descrição denotam o que é verdadeiramente real. A natureza parece tomar a maior parte de suas decisões fundamentais no nível microscópico. Como observou o filósofo americano Jerry Fodor (1935-), não há uma ciência das terças-feiras. A ciência só reconhece quatro forças: gravidade, eletromagnetismo e as forças nucleares forte e fraca, que mantêm os núcleos atômicos coesos. Foi demonstrado que a força nuclear fraca é uma forma da força eletromagnética, e espera-se descobrir, num futuro não muito distante, que todas elas são aspectos de uma única força unificadora. Segundo reducionistas científicos empedernidos, tudo que acontece, acontece por causa delas e de mais nada (especialmente, não por causa de conceitos etéreos como intenções humanas). Elas operam sobre objetos macroscópicos como carros porque atuam sobre os átomos de que estes são compostos. Explicar todos os processos naturais em termos da operação das quatro forças é sugerir que as únicas explicações adequadas são as que se referem a eventos microscópicos. Poderíamos dizer, por exemplo, que um período de calor causou uma seca que causou a quebra das safras. Uma explicação verdadeiramente precisa, no entanto, falaria da maior agitação das moléculas do ar e não de meras metáforas, como o "calor". Se alguém me pergunta como cheguei a uma festa e respondo que fui dirigindo, eu não aceitaria ser corrigido sob a alegação de que, de fato, pressionei um pedal e refinei gasolina queimada para gerar propulsão. Ficaria ainda mais confuso se meu interlocutor passasse imediatamente a falar sobre reações químicas e compostos de carbono. Quanto mais drástica for a redução, maior será a necessidade de mostrar de que maneira ela se liga aos nossos conceitos usuais — caso contrário, podemos não acreditar que o reducionista esteja falando da mesma coisa que nós. Algo em nossa experiência comum, seja a ação de dirigir até uma festa ou o sabor dos damascos nos canapés, precisa ser preservado em uma redução para que ela valha como explicação. De outro modo, temos a impressão de estar ouvindo apenas uma fala sobre um tópico irrelevante e não uma resposta a uma pergunta sobre o meio de transporte usado para se chegar a uma festa. Por outro lado, a explicação do reducionista poderia ser mais bem-vinda se meu carro tivesse enguiçado no caminho por eu ter enchido o tanque com o tipo errado de gasolina.

As quatro forças da natureza podem servir de base a tudo, do movimento das nuvens a uma receita de lasanha, mas a compreensão que um físico tem dessas forças, por si só, não nos permitiria prever o tempo como um meteorologista ou fazer massa como um *chef* italiano de primeira. (É possível que, no futuro, venham a existir *chefs* robôs com um conhecimento completo das forças fundamentais aliado a uma capacidade super-humana de utilizá-lo. Talvez fosse possível para tal criatura preparar o prato perfeito mediante força bruta ou cálculos complexos, mas isso continuaria sendo uma maneira desnecessariamente enfadonha de satisfazer um prazer simples da vida.) Por outro lado, cozinhar bem ou fazer uma previsão meteorológica precisa são habilidades muito distantes de uma compreensão fundamental do universo. Para esta última empreitada, o pensamento reducionista é claramente necessário. Isso não significa que o reducionismo seja útil *apenas* para explicar a física subatômica da vida. Em geral, podemos compreender melhor uma coisa reduzindo-a e atentando para o nível de explicação que lhe é imediatamente inferior. Por exemplo, podemos preparar melhor uma lasanha se entendemos as medidas corretas de farinha e molho de tomate da sua receita. Para compreender a farinha, por sua vez, precisaríamos compreender o nível abaixo desse — isto é, a consistência dos vários grãos usados em sua produção, de modo a podermos escolher exclusivamente o melhor grão duro para nossos ingredientes. Seria possível continuar descendo pelos níveis de explicação até chegar aos átomos e às moléculas. Mas é provável que, na hora de decidir a quantidade ideal de hidrogênio a usar, já teríamos morrido de fome. Em geral, o que mais auxilia na compreensão de um fenômeno é o nível imediatamente abaixo dele, não níveis de descrição cada vez mais básicos e abstrusos. O que há de excelente nas explicações redutivas é que elas nos permitem refazer o caminho de baixo para cima, como um capitão de navio que desce à sala das máquinas e volta à ponte de comando mais bem informado sobre a potência de sua embarcação. Descemos a níveis mais básicos de descrição para pôr em foco aquilo que fará toda a diferença em níveis mais elevados.

Apesar dos usos práticos do reducionismo, sua aplicação à vida cotidiana apresenta-se frequentemente sob a forma do cinismo. É reducionista, por exemplo, dizer que, embora fulano dê dinheiro para fins de caridade e dedique seu tempo livre a trabalho voluntário, está servindo "apenas" a seus interesses pessoais. É igualmente reducionista declarar que, ainda que uma empresa fomente projetos destinados a melhorar o meio ambiente e proteger seus empregados, ela está em última análise preocupada "somente" com seus lucros a longo prazo. Isto posto, não seria menos reducionista afirmar que a empresa está sendo movida exclusivamente por bondade cristã. Para uma explicação ser qualificada como reducionista, basta que explique uma coisa em termos de uma outra singular. O reducionismo soa bastante inocente quando assim definido, mas nada dotado de tamanho poder explanatório jamais será inofensivo.

2. Protágoras e os Porcos

O homem é a medida de todas as coisas?

Na década de 1980, o astro *pop* Sting, em seus esforços para salvar as florestas tropicais, fez uma campanha pelos direitos dos índios caiapós da Amazônia de preservar sua maneira de viver. Solicitou ao presidente do Brasil que estabelecesse uma reserva para esses índios e obteve sucesso: em 1991, foi concedida à tribo uma área protegida de cerca de 40.000km². Mal o acordo fora concluído, porém, os chefes caiapós começaram a fechar negócios com companhias mineradoras e madeireiras. Isso lhes propiciou fortunas de muitos milhões de dólares que, ao que se diz, gastaram com casas, carros e aviões, pouco proporcionando aos demais índios de suas aldeias. Apesar de ilustrar a ingenuidade de um lado e o cinismo do outro, essa parábola tem uma moral positiva. Mostra que os seres humanos empenham-se por coisas muito parecidas, por mais que estejam divididos por abismos culturais. Foi mais fácil universalizar o gosto por *fast-food* e automóveis que chegar à globalização dos direitos humanos, mas isso já é um começo. Alguns moralistas sugerem que a razão por que ainda não atingimos essa panaceia é porque não há valores universais aplicáveis a todas as pessoas em todas as culturas. Sustentam que, na verdade, uma maneira de fazer as coisas é tão válida quanto qualquer outra, e ações só são certas ou erradas com referência a um sistema cultural particular. Essa é a doutrina do relativismo. Radicalizando ainda mais, os relativistas de hoje afirmam que cada indivíduo cria seu próprio sistema de valores. A noção de que "tudo é questão de opinião" é lugar-comum. Todos têm direito às próprias crenças, declara-se, e a perspectiva de uma pessoa não é mais nem menos correta que a de qualquer outra.

O pai do relativismo foi Protágoras. Nascido na Trácia por volta de 485 a.C., foi o primeiro dos sofistas gregos antigos, retóricos errantes que transmitiam sabedoria a troco de dinheiro. A modalidade particular de sabedoria que os sofistas endossavam era do tipo que permitia aos fidalgos gregos impor seus pontos de vista nas assembleias legislativas e nos tribunais de justiça. Um bom sofista conseguia ganhar uma discussão mesmo estando errado. Não contente, o retórico siciliano Górgias (483-378 a.C.) garantia que o conhecimento do assunto em debate também era desnecessário, pois toda opinião é falsa e as palavras não têm nenhum significado fixo, só servindo para lisonjear e persuadir. Por essa razão, os sofistas não são considerados filósofos no verdadeiro sentido da palavra. Mas não deveríamos descartá-los como salafrários, uma vez que seu *ethos* baseava-se em uma desconfiança da chamada Verdade objetiva. Isso, implicitamente, já era uma posição filosófica, e uma posição que teve de esperar até os dias de hoje para renascer.

Protágoras, que parece ter sido o mais celebrado de todos os sofistas, acumulou uma grande fortuna com as altas taxas que arrecadou durante seus quarenta anos de carreira. Dotado de genuíno talento para a poesia, a gramática e a jurisprudência, elaborou pessoalmente um projeto de constituição para a colônia grega de Túrio no sul da Itália. Festejado pelos atenienses em sua primeira visita à sua cidade, acabou, porém, por ser exilado em 415 a.C. por ter escrito o primeiro panfleto agnóstico de que se tem notícia. "Com relação aos deuses", ele iniciava, "não posso ter certeza de que existem ou de que não existem, nem de como são em aspecto; pois são muitas as coisas que impedem o conhecimento seguro — a obscuridade do conhecimento e a brevidade da vida humana." Protágoras morreu cinco anos depois, prestes a completar setenta anos, quando o navio que o levava para a Sicília se perdeu no mar. Seus livros foram queimados publicamente e restaram poucos fragmentos de sua obra. Sabemos de suas ideias principalmente através dos escritos de outros pensadores, entre os quais Platão, em cujos diálogos figura, embora apenas para ser demolido por Sócrates.

A mais famosa doutrina de Protágoras afirmava que "o homem é a medida de todas as coisas", significando que não há verdade exceto aquela percebida pelo homem. O fundamento dessa ideia consiste em que nada no mundo pode confirmar sua natureza por si mesmo. É por sua interação com outras que as coisas adquirem natureza própria. Nada *é* simplesmente — todas as coisas estão num processo de vir a ser, e esse vir a ser reside em tornar-se relativo a alguma outra coisa. A cor branca, por exemplo, não está nem dentro nem fora de nossos olhos. É, na verdade, o resultado de uma interação entre nós e algo que percebemos. Esse seria o caso de todas as qualidades perceptivas. Se o vento parece quente para mim e frio para você, ele é ao mesmo tempo quente-para-mim e frio-para-você. Isso não significa que o vento seja ao mesmo tempo quente e frio, apenas que não possui uma temperatura em si, só em sua relação com aqueles que o sentem. O modo como algo é percebido diz respeito a esse objeto e à pessoa que o percebe, a mais ninguém. O fato de um outro sujeito julgar o vento frio não faz com que este deixe de parecer quente para mim. Como as coisas só adquirem sua natureza específica no modo como são percebidas por alguém, nunca se pode dizer que estou errado no modo como percebo algo. Não posso ser desmentido pela natureza do objeto, já que, sem minha percepção, ele não tem natureza alguma, tampouco posso ser desmentido pelo testemunho de outros, já que as percepções deles não têm relação alguma com a minha.

Surge aqui um problema imediato: existem pessoas claramente malucas. Uma pessoa pode achar que é Napoleão, mas isso não faz dela o conquistador da Península Ibérica. Na concepção de Protágoras, esse sujeito realmente poderia ser Napoleão *para si mesmo*, pois "Napoleão" e seus psiquiatras estão percebendo duas coisas diferentes, e não discordando acerca da mesma coisa. Isso porque a natureza de uma coisa é determinada por uma interação entre o objeto e quem o percebe, e percebo de maneira diferente quando estou insano e quando estou mentalmente são. Assim sendo, Protágoras conclui que nenhuma de suas percepções pode jamais ser errônea e que uma crença falsa é de fato impossível.

Nesse ponto, no diálogo *Teeteto* de Platão, Sócrates pergunta a Protágoras por que deveria se contentar em dizer que os juízos de todos os seres humanos são iguais. Não seria isso injusto em relação aos porcos, por exemplo? Por que não poderiam os julgamentos dos suínos ser tão válidos quanto os dos seres humanos? Protágoras optou por engolir essa estocada, embora logo a tenha cuspido de volta. Respondeu que os porcos tinham todo direito às suas próprias opiniões, contanto que fossem capazes de tê-las. Infelizmente, isso significaria que os discípulos de Protágoras estavam pagando um bom dinheiro para aprender opiniões que não eram mais sábias que as de um porco. Não obstante, Protágoras proclamava-se um profundo conhecedor da virtude e dizia-se capaz de ensinar um conhecimento especial. Como as percepções de todo mundo são igualmente verdadeiras, sustentava o sofista, a sabedoria devia consistir não em fazer bons julgamentos, mas em alguma outra coisa. É mais sábio e melhor sustentar certas opiniões que outras, dizia ele, não por serem elas mais verdadeiras, mas por serem mais benéficas para as vidas dos que as sustentam. Certas crenças proporcionarão mais sucesso a uma pessoa no direito e na política, por exemplo, e eram essas que Protágoras transmitia mediante pagamento.

No entanto, um mestre tão sábio quanto Protágoras podia cometer erros ou induzir alguém a um. Segundo uma história apócrifa, certa vez ele deu aulas a um rapaz mediante o seguinte acerto: abriria mão do pagamento se o discípulo não vencesse seu primeiro processo no tribunal de justiça. O primeiro processo do discípulo foi um que o próprio Protágoras lhe levou para garantir o recebimento de seus honorários. Talvez o rapaz tivesse tentado enredar seu mestre num dilema — ou ganharia o processo e não teria de pagar, ou perderia, e Protágoras, para ser fiel à sua palavra, não poderia exigir remuneração. Caso o mestre quebrasse sua promessa, o aluno não consideraria suas lições muito benéficas. Tampouco encontraria algum consolo no fato de que sua confiança em Protágoras fora verdadeira *para ele mesmo* naquele momento. De fato, teria errado precisamente porque a verdade de sua crença não era uma verdade relativa, que dependia de suas percepções — as quais haviam sido inteiramente cegas ao fato de que o mestre preferia receber honorários a cumprir promessas. Não precisamos manchar mais a reputação de Protágoras para encontrar exemplos paralelos. As pessoas frequentemente cometem erros com relação ao que é bom para elas. Quando estamos doentes, o julgamento de um médico sobre o que nos fará bem é em geral mais confiável que o nosso próprio. Isso porque o diagnóstico de um médico tem maior probabilidade de ser verdadeiro que o nosso, e não apenas verdadeiro *para o médico*, mas verdadeiro em si.

Se Protágoras não tivesse um interesse pessoal em defender suas qualificações como mestre, poderia ter sustentado sem ressalvas a ideia de que nenhum de nós é em nada mais sábio que porcos ou, no mínimo, que ninguém é mais sábio que ninguém. Afinal, há muita gente por aí que rejeita a opinião de europeus brancos mortos do sexo masculino como produto tendencioso de um programa político tacanho. Outros preferem formas de terapia alternativas às prescritas pela medicina ocidental convencional. Pessoas mais generosas admitem que tanto médicos qualificados quanto europeus brancos mortos do sexo masculino têm direito às suas opiniões. A ideia aqui é que a verdade, como tudo o mais, é uma questão de gosto, e que todos têm o direito de escolher sua maneira de ver as coisas, não tendo por que se sujeitar às opiniões de outrem. Há, porém, uma maneira de ver as coisas, em particular, que não se ajusta a essa concepção de verdade e sustenta a noção de que o relativismo é incorreto. Se todos têm direito à sua opinião, o que o relativista pode dizer quando a opinião de outra pessoa é que a verdade não é relativa? Se essa ideia alternativa não for tão válida quanto qualquer outra, será igualmente verdadeiro que o relativismo é falso.

A defesa do relativismo não pode ser formulada sem paradoxo. Ou o relativismo deve ser tão falso quanto é verdadeiro, ou será preciso desenvolver uma argumentação especial em prol de sua verdade. Mas se a ideia de que a verdade é relativa for um fato objetivo, e não mera opinião, como pode a verdade ser mais que uma questão de gosto também em outras esferas? A crença de que diferentes sistemas morais podem conduzir a sociedades igualmente estáveis e felizes repousa nas experiências de viajantes e antropólogos. Ao aceitar suas descobertas, endossamos o método de observação que os conduziu a elas. Esse método, contudo, é transferível para outras disciplinas e áreas em que talvez não produza conclusões relativistas. Economistas que visitaram tanto a Alemanha Oriental quanto a Alemanha Ocidental na década de 1980 puderam julgar facilmente pelo que viram à sua volta que uma economia planejada não é tão eficaz em gerar riqueza quanto o livre mercado. O relativismo é refutado sempre que se admite que uma verdade em qualquer área é não relativa, e isso inclui a área do próprio relativismo. O relativista deseja o impossível, mas não é possível afirmar, sem contradição, que o relativismo é objetivamente verdadeiro e que a verdade não é objetiva. É uma sorte que seja assim, pois há crenças piores do que a de que somos Napoleão. Não nos agradaria dizer que alguém como Adolf

Hitler tinha direito às suas opiniões, ou que estas não eram menos verdadeiras que as de qualquer outra pessoa.

As conclusões mais amplas a que Protágoras chegou talvez se contradigam, mas não resta dúvida de que ele tocou num ponto importante. Trata-se da ideia de que toda verdade exige algum tipo de medida. As verdades não são verdadeiras ou falsas em si, mas dentro de um sistema de pensamento ou segundo certas regras que põem sua veracidade à prova. Esse seria o caso mesmo que só houvesse uma única medida objetiva da verdade. É inequivocamente verdadeiro que dois mais dois são quatro, mas isso somente porque, quando aplicamos as regras da adição corretamente, o resultado é sempre quatro. O valor de um par de sapatos, por outro lado, pode ser diferente segundo ele seja dado a um mendigo ou a um rei, mas nos dois casos esse valor é um valor *para* alguém. Em ambas as situações, a medida da verdade é externa àquilo que ela avalia. De que modo podemos avaliar a própria medida, é uma outra questão, e nem sempre é fácil respondê-la. Certamente não seria adequado dizer que essa medida é simplesmente a "realidade" ou "o modo como as coisas são", já que o modo como intuímos a natureza das coisas é precisamente o que está em questão.

O problema é especialmente importante na esfera dos valores morais. As crenças das pessoas quanto ao que é certo e errado variam segundo a cultura em que vivem ou foram criadas. Na República Irlandesa, o aborto é considerado um pecado mesmo que a vida da mãe esteja em risco, ao passo que na China é considerado um dever moral a bem do controle populacional. É tentador concluir que a responsabilidade moral pertence em última instância à sociedade em que vivemos. Esse mesmo pensamento leva muita gente a pregar uma tolerância incondicional a outras culturas. Mas o fato de haver muitos sistemas morais diferentes não justifica essa posição, pois a tolerância é apenas mais um valor social, que pode ou não ser correto em dada cultura. Sugerir que ela tem um alcance maior que esse é admitir que haja leis mais elevadas, situadas acima daquelas das culturas individuais do mundo. Há também um elemento incoerente nesse raciocínio, uma vez que não toleramos culturas como o nazismo. No entanto, o nazismo foi um sistema moral completo, com seus próprios padrões de certo e errado, suas próprias práticas, suas tradições nascentes, ainda que fosse um sistema em que o ódio racial era uma virtude. A tolerância cultural, como a compreendemos no Ocidente, pode ser algo excelente, mas é logicamente oca caso se aplique apenas a culturas que não se desviam demasiadamente da nossa. Pior, por vezes nos recusamos a ver certos aspectos em que outras culturas divergem da nossa e somos tolerantes quando talvez não devêssemos. Muitos dos que visitaram a Rússia soviética e a China de Mao admitiram que os russos e os chineses tinham "seu próprio modo de fazer as coisas" na época, ainda que isso pudesse envolver repressão e assassinato em massa. E não são apenas as ditaduras militares que negam às pessoas seus direitos humanos básicos; muitas tribos que habitam as florestas e seitas religiosas também o fazem. Seja como for, após observar as múltiplas culturas do mundo, muitos de nós não podemos evitar o sentimento de que deveríamos ser tolerantes para com elas e nos abster dos piores excessos do chauvinismo patriótico. Mesmo que acreditemos que há uma única maneira correta de fazer as coisas (ou pelo menos a melhor), talvez não possamos ter tanta certeza assim de que é a nossa própria cultura que está correta.

Ao mesmo tempo, afirmar que todas as culturas são igualmente válidas é negar a ideia de qualquer tipo de progresso moral. Há quinhentos anos, os europeus estavam se queimando uns aos outros na fogueira em nome da moral. Não hesitamos em condenar esse comportamento como iníquo. Por que então deveríamos ter uma reação diferente se pessoas de uma cultura do outro lado do mundo revivessem essa prática hoje? O que nos permitiria condená-las seria uma ideia do que é bom para todos os seres humanos individuais como criaturas que pensam e sentem. Embora haja enorme diversidade cultural pelo mundo, convém não esquecer que todas as culturas têm muito em comum. Por exemplo, é difícil encontrar uma sociedade em que o assassinato aleatório de crianças seja encarado como coisa boa. Essa prática é tão rara que, caso encontrássemos um povo que cultivasse o infanticídio arbitrário como uma tradição, faríamos melhor investigando a prática propriamente dita do que concluindo imediatamente que esse povo considera o assassinato de crianças virtuoso em si. Talvez ele acredite, por exemplo, que os deuses pedem o sacrifício de uma criança para fazer as plantações crescerem. Investigando mais a fundo, talvez descobríssemos que esse povo deseja as mesmas coisas que nós, como saúde, riqueza e felicidade, tendo simplesmente maneiras estranhas (e tragicamente errôneas) de procurar alcançá-las.

Sempre que duas culturas se encontram e discutem moral, temos a evidência de um denominador comum. Se duas culturas diferentes nada tivessem em comum em sua moral, um diálogo moral jamais poderia se iniciar entre elas. Nenhuma cultura é uma ilha, e até hoje sempre nos foi possível estabelecer relações morais diplomáticas com sociedades recém-descobertas. Até uma relação de ódio mútuo fornece um denominador comum, pois revela, pelo menos, que os oponentes estão considerando o mesmo tipo de coisa em sua contenda. Da mesma maneira, se não houvesse graus de temperatura acerca dos quais pudéssemos concordar, em cuja base duas pessoas pudessem ambas opinar que o vento ou a água estavam quentes ou frios, elas nunca teriam como divergir. É porque compreendemos os termos "quente" e "frio" e concordamos quanto a seu significado que podemos ter uma discussão quando desejamos aplicá-los diferentemente em determinado caso. Desacordos requerem acordos em algum momento anterior.

É certamente possível que as florestas tropicais abriguem tribos que, após receber o apoio de um astro *pop* e tendo visto o que outras culturas têm a oferecer, prefeririam permanecer no estado de natureza e continuar a viver de castanhas e lagartas, suportando alegremente as devastações da malária e a exposição prolongada aos elementos. Se estão dispostas a suportar essa situação para preservar suas tradições, essa é a sua escolha, embora devamos perguntar se é a escolha do povo ou meramente a de seus líderes (que talvez sejam os que mais teriam a perder se as estruturas básicas da sociedade mudassem). Se isso é o que o povo quer, e o que sucessivas gerações querem, talvez ele possua um código moral fundamentalmente incomensurável com o nosso. Essa conclusão seria ainda mais forte se as tradições desse povo incluíssem o infanticídio, o incesto e o assassinato habitual. É possível que existam sistemas sociais em que essas práticas representem o ápice da virtude, mas os antropólogos nunca as descobriram. Caso um dia fossem descobertos, e suas práticas revelassem não refletir crenças errôneas sobre deuses ou plantações, o mais sensato seria supor não que essa era a moral desse povo, mas que ele não tinha a moral como parte de sua cultura.

Protágoras poderia ter concordado com essa ideia. Ele pensava que as crenças de um indivíduo nunca podiam ser harmonizadas com as de outro, pois diziam respeito, em cada caso, a coisas completamente diferentes. O que não compreendeu foi que tal estado de coisas impediria por completo a comunicação entre nós, pois a comunicação exige um denominador comum. Embora possamos não saber qual deveria ser a medida verdadeira, objetiva, das coisas, não a descobriremos depreciando as ideias dos demais como verdadeiras apenas *para eles*. Por mais respeito que essa atitude demonstre para com as crenças dos outros, também demonstra desrespeito por suas capacidades como seres pensantes.

3. Zenão e a Tartaruga

O uso da reductio ad absurdum

É corrente, nos bares mais refinados, a desconfiança de que a homofobia, longe de denotar uma heterossexualidade vigorosa, camufla na verdade uma incapacidade de lidar com os próprios sentimentos homossexuais reprimidos. Mas se o ódio aos outros brota do ódio a si mesmo, deveríamos esperar, pela mesma lógica, que os membros da Ku Klux Klan, por exemplo, tivessem um aspecto afro-americano reprimido em suas personalidades. Essa maneira de expor um argumento ao ridículo é conhecida como *reductio ad absurdum*, o que significa literalmente "redução ao absurdo". Usamos esse artifício sempre que, em vez de demonstrar que uma posição não é verdadeira, examinamos as consequências que ela teria se fosse correta e mostramos que elas são inaceitáveis. Na vida comum, é sem dúvida mais fácil zombar das posições dos outros que elaborar a própria. Na filosofia não é diferente. Enquanto somos obrigados a esperar a passagem do tempo para revelar o absurdo de uma política de governo ou de um casamento precipitado, na discussão lógica o processo costuma ser mais rápido.

O primeiro filósofo a empregar a *reductio ad absurdum* foi Zenão, que (segundo Platão) era um grego alto e encantador nascido por volta de 490 a.C. em Eleia — hoje uma cidade no sul da Itália. Zenão era discípulo do filósofo Parmênides, que ensinava que todas as múltiplas e variadas coisas existentes são de fato uma única e perene realidade a que chamava "ser". Afirmava que a negação do ser, a despeito de quaisquer mudanças imagináveis que pudesse sofrer, é de fato impossível. Apenas umas duzentas palavras dos escritos de Zenão chegaram até nós, mas parece que, na juventude, escreveu uma obra de filosofia que talvez não lhe tenha agradado de todo e que circulou sem o seu conhecimento. Apesar disso, o livro o tornou famoso na distante Atenas. Platão relata que Parmênides e Zenão visitaram a cidade juntos por volta de 450 a.C. e ali conheceram o jovem Sócrates. Zenão permaneceu em Atenas algum tempo, cobrando de nobres pelo privilégio de ouvi-lo discursar. Segundo a lenda, ao retornar a Eleia envolveu-se em política e tramou a derrubada de Nearco, tirano da cidade. Antes que os conspiradores pudessem agir, Zenão foi preso e torturado até a morte por sua traição. Várias histórias narram seu interrogatório. Em uma é dito que, para não trair seus cúmplices, apontou os amigos do tirano como seus companheiros de conspiração. Em outras, que cortou fora a própria língua com uma dentada e cuspiu-a sobre Nearco, ou até que saltou sobre o tirano e lhe arrancou o nariz com uma dentada. Essas histórias são menos vibrantes que a própria filosofia de Zenão.

Ele queria provar que a multiplicidade exibida pelo mundo era uma ilusão e que a realidade se compunha de uma unicidade eternamente imutável. Repudiava qualquer noção de tempo, movimento ou qualquer tipo de pluralidade entre os objetos. Combatia nossas noções comuns de espaço e tempo admitindo sua verdade e levando-as às últimas consequências. O resultado dos esforços de Zenão foi um conjunto de quarenta paradoxos. A maioria deles se perdeu, mas três, em particular, vêm dando dor de cabeça aos filósofos e matemáticos há dois milênios e meio.

O paradoxo mais famoso de Zenão é a história de uma corrida entre Aquiles e a tartaruga. Sendo Aquiles um corredor muito rápido, é concedida à tartaruga uma vantagem de dez metros. Isso pode não parecer extremamente generoso com a tartaruga, mas revela-se o suficiente para lhe garantir a vitória. Quando a corrida começa, Aquiles larga rapidamente e logo recupera aqueles dez metros. A essa altura a tartaruga conseguiu avançar apenas um metro, que Aquiles cobre então num único salto. Agora, contudo, a tartaruga conseguiu avançar mais quatro centímetros. Acelerando, Aquiles perfaz essa distância, só para descobrir que a tartaruga se adiantou mais um centímetro. Quando Aquiles transpõe esse centímetro, a tartaruga terá avançado em mais alguma distância, ainda que muito pequena. Zenão sustenta que, por mais rapidamente que Aquiles corra, nunca conseguirá ultrapassar sua adversária, porque para tanto precisaria primeiro alcançá-la. E isso jamais poderá fazer, porque, desde que leve algum tempo — por menor que seja — para emparelhar com a tartaruga, esta terá sempre conseguido, a duras penas, mover-se uma fração da distância. Embora se torne cada vez mais curta, a distância que separa Aquiles da sua rival jamais poderá se reduzir a nada. A tartaruga, portanto, permanecerá para sempre na dianteira.

Como se isso não fosse suficientemente frustrante para Aquiles, as coisas ficam ainda piores para ele no paradoxo da pista de corridas. Para chegar ao fim de uma pista, Aquiles teria primeiro de atingir a marca da metade do percurso. Depois disso, a distância restante teria sua própria marca média a ser atingida. O quarto final poderia ser igualmente dividido em dois, e assim por diante, ao que parece, para todo o sempre. Para atingir a linha de chegada, Aquiles teria de percorrer um número infinito de divisões da pista. Uma vez que cada um desses segmentos deve compreender alguma distância e sua transposição deve demandar algum tempo, por minúsculo que seja, ele precisará da eternidade para completar o percurso. Por menor que cada segmento seja, um número infinito deles resulta numa distância infinita. Feliz ou infelizmente, Aquiles não precisará ter medo de ter de correr até o fim dos tempos, já que, pelo mesmo raciocínio, jamais conseguirá sequer começar a correr. Como a primeira metade da pista também pode ser dividida *ad infinitum*, antes de transpor a metade da distância Aquiles terá de transpor um quarto dela, e antes disso um oitavo e assim por diante... Sendo essas frações intermináveis, ele precisará literalmente da eternidade para sequer dar a largada.

Mas esses problemas podem ser deixados de lado, porque, segundo o paradoxo da flecha, nada se move jamais. O voo de uma flecha pode ser dividido em instantes que sejam a menor medida possível do tempo. Se a flecha se move durante um desses instantes, isso significa que começa o instante num lugar e o termina em outro. Mas nesse caso, não estaríamos absolutamente falando de um instante, porque teria sido possível dividi-lo. Uma vez que tenhamos descoberto um instante verdadeiro — um lapso que por definição não pode ser mais dividido — temos uma divisão do tempo em que nenhum movimento pode ocorrer. Isso significa, no entanto, que a flecha jamais pode se mover, já que nenhuma quantidade de não movimento pode constituir movimento. Como não se move em nenhum ponto isolado em seu voo, a flecha não se move ao longo de todo o voo.

O paradoxo da flecha é o que pode ser enfrentado mais facilmente. Movimento requer tempo, e assim não surpreende que, se eliminamos o tempo e passamos a falar em instantes, eliminamos também o movimento. Embora a flecha possa não se mover em nenhum instante dado, ela ainda poderá se mover se o movimento for definido como o aparecimento de uma coisa num lugar diferente num ponto posterior no tempo. Os paradoxos que envolvem Aquiles e a tartaruga são mais difíceis. Mesmo assim, podem ser evitados, sustentou Zenão, se rejeitarmos a própria noção de divisibilidade. Se isso ofende o senso comum, tanto pior para o senso comum. É claramente insatisfatório, porém, substituir um absurdo por outro, como faz Zenão. Felizmente, podemos escapar do apuro usando ferramentas matemáticas que não estavam à disposição do filósofo e de seus contemporâneos no século V a.C. Hoje sabemos que é um erro supor que uma distância composta de um número infinito de partes deve ser ela própria infinita. Se construíssemos uma série somando 1/2 a 1/4 a 1/8 e assim por diante, indefinidamente, a maioria dos matemáticos declararia que o total seria um, não a infinidade. Não há nada de impossível, portanto, em que o espaço seja infinitamente divisível. Tampouco há problema em se transpor o número infinito de segmentos de uma pista de corridas num tempo finito. Assim, por esse raciocínio, Aquiles pode deixar seu ponto de partida e ultrapassar a tartaruga sem impedimentos, até ser ferido no calcanhar por uma flecha certeira.

Zenão era "forte" no uso da *reductio* porque tomava uma série de crenças e delas derivava impossibilidades lógicas. Mas não é preciso produzir paradoxos para permanecer fiel ao método. Reduções "mais fracas" podem envolver consequências, se não impossíveis, simplesmente inaceitáveis. Um filósofo favorável à vida, por exemplo, poderia rejeitar qualquer sistema moral cujos princípios implicassem a defesa do aborto, mesmo que essa defesa não fosse explicitamente formulada. Ou um teórico político poderia rejeitar o comunismo revolucionário porque este aprova a morte de inocentes como meio justificável para um fim, ainda que seus adeptos não sustentem o direito de matar como um princípio fundamental. Nesse nível, a *reductio ad absurdum* é pouco mais que uma técnica de argumentação, já que o que é absurdo para um homem pode não parecer tão disparatado para outro. A questão vai além de matérias de gosto moral — como o aborto — para penetrar nas puramente lógicas. O filósofo alemão Immanuel Kant (1724-1804) afirmou que roubar era errado porque tal comportamento não poderia ser universalizado. Ou seja, se todos saíssem por aí roubando, isso corroeria a convenção da propriedade, que é, para início de conversa, o que torna o roubo possível. Essa *reductio* não convenceria ninguém, muito menos um ladrão. Argumento semelhante foi proposto para Yossarian, o herói do livro *Catch-22* [Ardil 22], de Joseph Heller, quando ele se recusou a participar de qualquer outro ataque aéreo. "Que aconteceria", perguntou-lhe seu oficial comandante, "se todo mundo se recusasse a voar?" "Nesse caso eu seria um idiota completo se fizesse outra coisa", foi a resposta de Yossarian. A eficácia da *reductio ad absurdum* depende em grande parte de noções partilhadas do absurdo.

Igualmente importante para todos os tipos de *reductio* é a questão: é ou não admissível que os absurdos que surgem em situações extremas se choquem com crenças válidas em circunstâncias comuns? Por exemplo, muita gente não vê nenhum mal no uso ocasional de maconha e acredita que a lei contra a droga viola a liberdade individual. Os grupos de pressão antidrogas costumam rebater alegando que se a lei permitisse às pessoas fazer o que bem entendessem, a sociedade se desagregaria. Isso pode sem dúvida ser verdade, mas é uma consequência muito distante do ato de fumar um baseado ocasional. Na vida comum, em geral a acusação de que alguém está levando uma questão a extremos é suficiente para neutralizar a força de uma *reductio*. Na maioria das vezes, quanto mais uma *reductio* é levada ao extremo, menos nos sentimos obrigados a considerar seu resultado final. Isso pode ser fruto mais de cinismo que de credulidade, já que talvez não exista nenhuma posição que não seja redutível a uma forma ou outra de absurdo.

Outra defesa contra a *reductio* consiste em afirmar que nossas crenças não são de natureza filosófica. Isto é, dizem respeito a preocupações específicas e não a generalidades elevadas. Assim, uma explicação da homofobia não precisa se aplicar a todos os outros tipos de ódio. O que é verdade em relação aos homófobos pode não o ser em relação a sectários brancos movidos por um racismo encarniçado, embora nada impeça que as duas coisas sejam ocasionalmente uma só. No entanto, defender uma explicação é também defender o método usado para construí-la. Em nosso exemplo original, trata-se do princípio duvidoso de que todo ódio é na verdade ódio a si mesmo. Em última análise, para que uma *reductio* funcione, é preciso que ambos os lados concordem quanto a que conclusões devem ser consideradas "inaceitáveis". Por isso mesmo, é pouco provável que essa abordagem venha algum dia a convencer os defensores da legalização das drogas leves.

4. A Inquirição Socrática

A revelação da verdade pela interrogação

Para deleite dos políticos e aflição dos filósofos, consegue-se convencer muita gente de praticamente qualquer coisa, contanto que não se empregue uma argumentação racional. Os antigos sofistas gregos, como Protágoras e Górgias, no entanto, lidavam com um público mais receptivo. No século V a.C., poucos divertimentos atraíam mais os nobres que ouvir debates entre grandes oradores. Adquirir os fundamentos da arte da retórica junto a um sofista profissional era parte essencial da educação dos jovens aristocratas, como participantes do sistema democrático da época. Se as classes políticas de hoje rejeitaram as virtudes de uma educação clássica, fazem uma exceção bastante deplorável no caso da sofística. No momento em que escrevo, aspirantes a porta-vozes do Partido Trabalhista britânico, atualmente no governo, estão recebendo treinamentos especiais em fins de semana para aprender como evitar responder a perguntas diretas. Um exercício avançado envolve um exame face a face em que se pergunta simplesmente ao candidato: "Que horas são?" Se o sujeito for capaz de se estender por 15 minutos sem dar a resposta, é promovido ao estágio seguinte. Em que consiste o estágio seguinte, ninguém revelou até agora, e se alguém o fizer talvez seja prudente não lhe dar crédito. Mistificadores desse tipo praticaram sua arte sem maiores problemas até a chegada de Sócrates (469-399 a.C.), que descobriu, ou redescobriu, algo que era kriptonita para os sofistas: a verdade. Sócrates administrava o veneno através do estratagema hoje conhecido como o método socrático, uma implacável bateria de perguntas destinada a solapar uma posição mediante o uso das próprias palavras do sofista e das coisas por ele admitidas.

Sócrates possuía a constituição perfeita para um cabo de guerra. Era um homem capaz de meditar de pés descalços na neve dias a fio, ou de, antes de entrar na casa de um amigo, ficar horas parado na soleira, ruminando em silêncio um problema filosófico. Homem vigoroso, distinguiu-se como soldado na juventude e era dotado de uma capacidade prodigiosa de ingerir álcool. Morreu aos setenta anos, deixando dois filhos pequenos — um, ao que parece, ainda de colo. Sócrates era também notório por sua feiura. Um viajante tarimbado na leitura de fisionomias lhe disse certa vez que ele tinha as feições de um monstro capaz de qualquer crime, ao que o filósofo respondeu: "Acertou em cheio, senhor!" Outros foram mais caridosos. O jovem e impetuoso Alcibíades comparou Sócrates com uma estátua do medonho Sileno, que se abre para revelar belezas ocultas em seu interior. Ao que tudo indica, Alcibíades fez esse comentário à guisa de sedução, o que só mostra que os gregos eram bem menos suscetíveis que nós.

Quando sua aparência era tolerada, Sócrates sabia tirar partido dela. Já velho, pedia a seus opositores que levassem em conta sua idade e tornassem suas respostas breves o bastante para que ele não perdesse o fio. De fato, não estava preocupado com sua própria concentração, mas com a dos espectadores reunidos. Para gozar o pleno benefício de seu pensamento, os homens precisavam aprender a ouvir. Precisavam prestar rigorosa atenção ao conteúdo de perguntas e respostas em vez de simplesmente se maravilhar com seu mérito estético. Frasear as próprias afirmações na forma de perguntas é uma tática de debate reconhecida pelos sofistas de hoje, mas não é em razão de suas habilidades retóricas que Sócrates é considerado o fundador da filosofia ocidental. O objetivo do método socrático não é meramente ganhar a discussão, mas descobrir a verdade absoluta da matéria. Podemos sempre aspirar à verdade, sustentava Sócrates, mesmo que isso envolva dar a mão à palmatória e perder a discussão. Sócrates não costumava perder discussões, mas em certas ocasiões reconheceu um empate. Embora isso envolvesse admitir sua ignorância no final de uma discussão tão enfaticamente quanto a professara no início, ele nunca deixava de ressalvar que seu opositor sofria do mesmo mal.

Para alguém que acabaria por subverter sozinho todo um *establishment*, Sócrates era curiosamente modesto. Diferentemente dos sofistas, não cobrava nada para ensinar e até se declarava incompetente para fazê-lo. Se os indagadores dos nossos tempos tendem a se negar a emitir suas opiniões pessoais enquanto zombam das dos outros, Sócrates declarava com toda franqueza sua própria posição — que era, ele afirmava, uma posição de ignorância. Foi porque admitia isso de bom grado que, num episódio célebre, o Oráculo de Delfos o declarou o homem mais sábio da Grécia. Se, como ele sustentava, a única coisa que sabia era que nada sabia, isso não o impedia de expor detalhadamente suas opiniões. Sua modéstia, não raro, é ironia, ao passo que seu louvor à sabedoria alheia em geral é sarcasmo. Num sentido mais profundo, contudo, sua modéstia revela verdadeira integridade. Tendo insistido que devemos "seguir a argumentação até onde ela leva", faz sentido que considerasse também que não devemos nos apegar dogmaticamente a qualquer crença com que tenhamos começado a discussão. Isso significa estar pronto a aceitar críticas, bem como a fundamentar proposições. Afinal, é possível tratar injustamente até políticos.

Sem dúvida Sócrates tinha um programa e defendia um sistema filosófico complexo. Mas não acreditava que a verdade como tal fosse algo que lhe pertencesse — como uma tese original sua, que pudesse transmitir a seu bel-prazer. A verdade era, ao contrário, algo imanente ao mundo e aos homens, que ele era capaz de extrair mediante indagação ponderada. Assim, em vez de se autopromover (à maneira dos sofistas) como um grande repositório de sabedoria, Sócrates comparava-se a uma parteira — ele fazia parir a verdade. Na prática, tinha o costume de pedir a pessoas de notório saber que dessem suas definições de conceitos como justiça, coragem ou bem. Os primeiros estágios de uma discussão eram então meticulosamente armados, passo a passo, com o filósofo fazendo observações aparentemente inócuas e seu interlocutor entoando o mantra: "Sim, assim é, Sócrates." Depois Sócrates passava a dar mais conteúdo às suas perguntas, até descobrir uma crença sustentada por seu opositor que, ao mesmo tempo em que era verdadeira, estava em contradição com a posição inicial dele. Mais perguntas se seguiam, até que se chegasse a um acordo quanto a uma definição aceitável. Em geral, a reação do opositor era maravilhar-se perante a sabedoria de Sócrates, e não melindrar-se com seus ardis verbais. Podemos atribuir isso não só às boas maneiras dos gregos como ao fato de Sócrates não ter deixado nenhuma obra escrita — seus pensamentos chegaram até nós por via dos diálogos de seu brilhante discípulo Platão.

Depois que o interlocutor se enredava, não havia volta, uma vez que Sócrates nunca permitia a seus opositores aceitar uma ideia provisoriamente ou defender argumentos em que não acreditavam. Segundo o próprio Sócrates, a razão disso era que seu método tinha um elemento moral. Ele estava interessado não no que os homens *poderiam* pensar, mas no que realmente pensavam. O objetivo da filosofia é aperfeiçoar as almas dos homens e não meramente refinar um cânone desencarnado de pensamento. De maneira mais prática, Sócrates queria evitar que seus opositores recitassem respostas prontas, aprendidas *ipsis litteris* com os chamados mestres. "Um livro", ele dizia, "não pode responder a nenhuma pergunta." As duas razões eram na realidade uma só, pois Sócrates queria que os homens pensassem por si mesmos (ainda que apenas porque esse é o único estado em que eles são maleáveis o bastante para se deixarem convencer por argumentos). Embora o método socrático busque descobrir como os seres humanos, como tais, deveriam viver, empenha-se também em inculcar em indivíduos a maneira correta de conduzir suas vidas.

Toda pessoa racional questiona periodicamente suas metas e motivos e as crenças que os sustentam. O tipo de inquirição praticado por Sócrates voltava-se para os tipos mais gerais de verdade, o "quadro geral" por assim dizer. Na vida cotidiana, porém, o questionamento das bases de toda a nossa visão de mundo não tende a fornecer conselhos práticos. Chegar a uma concepção do que somos e de para onde deveríamos caminhar é um processo gradativo, e toda mudança em nossas vidas é feita com base no que se passou antes. Assim, por exemplo, se peço um conselho a um amigo sobre como me apresentar numa entrevista para pleitear um emprego, quero que ele me diga para comprar uma gravata nova ou fazer um bom corte de cabelo. Não quero ouvir que deveria renovar todo o meu guarda-roupa ou pensar numa carreira diferente. Por outro lado, segundo o raciocínio subjacente ao método socrático, uma visão verdadeiramente precisa do mundo é aquela que não abriga as incoerências que a indagação de Sócrates traz à luz. Quando encontramos um ponto de vista perfeitamente coerente, encontramos a verdade. Talvez hoje já não acreditemos que só pode haver uma única visão de mundo "correta", e a maioria de nós admite que certo grau de incoerência nas crenças de alguém é menos um sinal de ignorância que um reflexo de um mundo em que verdades absolutas não podem ser garantidas. No entanto, se vou ser entrevistado para um emprego numa companhia de seguros conservadora e meu estilo pessoal favorecer cabelo pelos ombros e *piercings* no rosto, a coerência exige que eu altere minha aparência radicalmente ou procure emprego em outro lugar. Esperar sucesso de outro modo é no mínimo dar mostra de uma visão um tanto desequilibrada do mundo.

O desejo dos atenienses de se aperfeiçoar acabou se esgotando, junto com sua paciência. Consistindo, de fato, na humilhação pública dos grandes e dos bons, a investigação de Sócrates foi muito corretamente identificada como uma ameaça às bases da sociedade grega. Ela demonstrara que nobres como Crítias e Carmides não sabiam o que era temperança ou moderação. Revelara que os briosos generais Laquete e Nícias ignoravam o significado de coragem. Por fim, Sócrates denegria o princípio essencial da democracia ateniense ao afirmar que as decisões não deviam ser tomadas pelo voto, mas por reis-filósofos, com base em sua sabedoria superior. Somente por esse meio, ele sustentava, poderíamos evitar as iniquidades do governo do populacho e de líderes que exploravam as piores paixões de seu eleitorado. Em outro sentido, menos louvável, a postura de Sócrates lembrava aquela adotada por comunistas americanos e europeus durante a Guerra Fria. Ao condenar o modelo ocidental de democracia, criticavam o próprio sistema que lhes permitia fazer esses protestos. Deixando o macarthismo de lado, as autoridades de Atenas não eram tão complacentes como as nossas. Sócrates foi acusado de corromper os jovens e condenado à morte por envenenamento. Enquanto a cicuta fazia efeito, seus amigos se reuniram à volta do filósofo para ouvir suas últimas palavras de sabedoria. "Estamos devendo um galo a Esculápio", ele resmungou, "não se esqueçam de pagar a dívida".

5. A Caverna de Platão

O uso da analogia e da alegoria

Em junho de 1998, o Departamento de Justiça dos Estados Unidos iniciou uma ação judicial contra a Microsoft Corporation, alegando que sua decisão de incluir um navegador da Internet no Windows 98, o novo sistema operacional para PCs, infringia leis antitruste. No *Wall Street Journal* de 10 de novembro de 1997, o diretor executivo da Microsoft, Bill Gates, usou uma analogia muito disseminada para explicar por que sua companhia não deveria ser forçada a eliminar aquela característica. "Duvido que o *New York Times* permitisse a uma banca de jornais rasgar a seção de negócios do jornal só por querer vender mais *Wall Street Journals*. Ou que a Ford Motor Company deixasse seus concessionários trocarem um motor Ford por um Toyota em seus automóveis."

Resta saber se a comparação do sr. Gates foi justa. Na opinião do Departamento de Justiça, não foi. As medidas que ele imaginou não se aplicavam a jornais ou automóveis porque nenhuma companhia tem um monopólio virtual nessas indústrias. Rasgar páginas do *Wall Street Journal* prejudicaria a capacidade do jornal de competir com seus rivais. Todo o sentido do processo antitruste movido contra a companhia de Gates, por outro lado, era que a inclusão gratuita de um navegador no pacote do *software* impedia outros fabricantes de navegadores de competir com a Microsoft. A analogia não resiste a um exame mais atento dos fatos, mesmo que à primeira vista soe procedente. Às vezes é fácil deixar-se seduzir por uma comparação elegante que aproxima uma coisa de outra erroneamente. O fato de algo soar adequado não o torna verdadeiro, é claro. Por essa razão, a tradição filosófica ocidental — para não mencionar o sistema jurídico — confere preponderância a argumentos lógicos sobre analogias, relegando estas últimas a um papel sobretudo ilustrativo. A ideia é que se algo pode ser adequadamente demonstrado pelo uso da lógica e dos fatos disponíveis, as analogias se tornam desnecessárias.

Quando explicações literais não convencem, os filósofos recorrem a analogias, alegorias e metáforas. Por vezes o fazem porque uma comparação adequada pode transmitir uma ideia de maneira muito mais rápida e fácil. Se, para esse fim, uma imagem vale mais que mil palavras, uma analogia pode valer mais que muitos argumentos. Por exemplo, a ideia de que nossos pensamentos e emoções podem ser explicados por referência ao funcionamento de nossos cérebros é uma das teorias mais fortemente defendidas, embora seja intuitivamente não convincente, da filosofia atual. Por mais forte que seja a defesa da ideia de que a consciência é um produto do cérebro, e não, digamos, de uma alma imaterial, continua sendo desconcertante que pensamentos e emoções intangíveis possam ser formados pelos conteúdos decididamente materiais do crânio. Talvez a perplexidade ocorra por estarmos usando não a ideia errada, mas a imagem errada. Se imaginamos o cérebro engendrando uma profusão de pensamentos como uma máquina fabrica bugigangas, somos forçados a perguntar como os produtos podem ser tão diferentes do aparelho que os criou. As coisas ficam mais claras, porém, se imaginamos que o cérebro trabalha como um tipo especial de máquina: um computador. O filósofo americano Hilary Putnam (1926-) sugeriu que os cérebros são os "discos rígidos" que rodam os "*softwares*" da consciência, assim como os PCs são os discos que rodam os programas de computador. Embora essa analogia por si só não prove coisa alguma — resta demonstrar se nossos cérebros realmente funcionam ou não dessa maneira —, ela nos permite compreender melhor como um processo de outro modo ininteligível poderia operar.

Idealmente, contudo, comparações são mais que meros auxílios para a compreensão. A palavra analogia, tomada do grego, significava originalmente igualdade de razões ou proporção. Quando usamos analogias em apoio a uma alegação, tomamos duas coisas ou processos que, embora diferentes, têm uma estrutura, forma ou outra característica em comum. Após uni-las dessa maneira, tomamos uma outra qualidade da primeira coisa e inferimos que a segunda coisa também a possui em virtude daquele primeiro traço que as duas partilham. Por exemplo, o filósofo e pastor anglicano inglês William Paley (1743-1805) tentou provar a existência de Deus chamando a atenção para a beleza e a ordem presentes no mundo natural. A natureza é tão intricada, ele sustentou, que evidencia a mão de um projetista. No cerne da argumentação de Paley estava sua famosa analogia do relógio. Se você topasse com um relógio numa praia, não o tomaria por um tipo estranho de seixo que tivesse sido erodido pela água — pois uma coisa como aquela não poderia ser fruto do acaso. Você inferiria que aquilo certamente fora criado por um relojoeiro. Como os processos da natureza exibem igual complexidade e precisão, também eles implicam um artífice. Inferências desse gênero nunca serão infalíveis, pois envolvem especulação sobre matérias que não testemunhamos diretamente. Se pudermos aceitar isso, podemos pelo menos admitir que as analogias nos apontam a direção em que procurar nossas respostas. A analogia de Paley era convincente e exigiu uma resposta séria de seus opositores. Sem dúvida, no caso de um relógio, seria possível abrir o estojo e procurar a inscrição *"Made in Switzerland"*, ao passo que não é assim tão fácil discernir a marca registrada do céu no mundo natural. Apesar disso, a ordem manifesta neste último é tão impressionante quanto a de qualquer produto mecânico, sendo igualmente improvável que tenha surgido por obra do puro acaso. Por causa dessa equivalência, faz-se necessária uma explicação para o "projeto" que se evidencia na natureza, quer a busquemos em Deus ou não. Nesse sentido, Charles Darwin (1809-1882) foi capaz, mais tarde, de mostrar que a complexidade das espécies terrenas poderia ter surgido sem a intervenção consciente de uma divindade — mediante a evolução por seleção natural. Richard Dawkins (1941-), biólogo evolucionário e tema de um capítulo posterior deste livro, intitulou um livro segundo esse processo, *O relojoeiro cego*.

Se a seleção natural tivesse sido descoberta antes da invenção dos relógios de pulso, teríamos podido concluir que a peça encontrada na praia evolvera da mesma maneira que os animais e as plantas. Podemos imaginar um cético negando a existência de artesãos suficientemente habilidosos para produzi-la. "Assim como não houve a intervenção de uma inteligência consciente na criação dos homens e dos animais", diria ele, "tampouco deveríamos imaginar que foi uma inteligência semelhante que moldou esse estranho objeto metálico." O que isso mostra é que as conclusões extraídas por analogia devem ser tratadas como provisórias. Deveriam ser vistas como o ponto de partida para uma investigação mais profunda, não como seu fim.

Em filosofia, a diferença entre o uso de analogias para provar uma ideia, por um lado, e simplesmente para elucidá-la, por outro, ficou muitas vezes esmaecida. Os diálogos de Platão estão entre as obras filosóficas de leitura mais agradável no cânone, e isso se deve em parte à sua riqueza em símiles e metáforas. Nascido em 428 a.C., Platão era o caçula de uma família ateniense rica e famosa. Consta que seu verdadeiro nome era Aristocles — "Platão" ou "Platon" sendo um apelido derivado da largura ou de seus ombros ou de sua testa. Quando jovem, recebeu a educação padrão de que desfrutavam os jovens aristocratas e tornou-se um lutador campeão, bem como exímio músico e poeta. Com muita aptidão para atividades físicas, serviu no exército ateniense entre 409 e 404 a.C. no final da Guerra do Peloponeso com Esparta. Depois da guerra, abraçou a causa dos Trinta Tiranos, a oligarquia estabelecida em Atenas em 404 a.C. Embora um dos líderes desse grupo fosse seu tio Carmides, as violências por ele cometidas logo levaram Platão a se afastar. Um ano depois, quando a democracia foi restaurada, Platão já abandonara suas ambições políticas. Essa decisão foi confirmada pela execução de seu mestre Sócrates em 399 a.C., após a qual viajou pelo Egito, a Itália e a Sicília. Depois passou um outro período no exército, durante o qual consta ter sido condecorado por bravura em combate. Concluindo que sua influência política viria do ensinamento e não do exemplo, em 387 a.C. Platão fundou a Academia, uma escola dedicada à ciência e à filosofia, que se reunia no jardim de Academo. O objetivo da escola era ser um viveiro de futuros estadistas que, Platão esperava, fariam melhor serviço que seus antecessores. Embora seu fundador tenha morrido aos oitenta anos, a Academia perdurou por quase nove séculos, até ser condenada como um estabelecimento pagão e fechada pelo imperador cristão Justiniano. Na realidade, Platão teve uma oportunidade de exercer influência mais direta sobre sua época. Quando o soberano de Siracusa, Dionísio I, morreu, ele aceitou, um tanto a contragosto, o convite de Díon, cunhado do ex-soberano, para ser o preceptor de Dionísio II. O plano malogrou quando o novo soberano expulsou Díon de Siracusa. Platão foi preso e depois vendido como escravo — condição de que teve de ser resgatado por um amigo.

Depois de seu primeiro encontro com o grande Sócrates em 408 a.C., quando tinha vinte anos, Platão queimou publicamente os poemas que escrevera e jurou seguir uma vida filosófica. Como prova de sua dedicação, afirmou certa vez que escolhera morar numa rua habitada por ourives; assim, quando a sonolência começasse a lhe anuviar os pensamentos, seria despertado pelas ferramentas dos artífices. Logo se provou o discípulo mais capaz de Sócrates, cujas ideias absorveu e desenvolveu extensamente em seus diálogos. Ele próprio, Platão, não figura nesses diálogos, e como estes têm sempre Sócrates como protagonista, por vezes é difícil discernir se as ideias neles expressadas pertencem ao mestre ou ao discípulo. Há alguns indícios de que Sócrates ficava perplexo com a maneira como Platão o representava, e que uma vez teve um sonho em que seu protegido se transformava em um corvo, pulava em sua cabeça e lhe bicava a careca. A visão de consenso é que a teoria das formas, que serve de base a muitas das argumentações nos diálogos de Platão, pertence fundamentalmente ao próprio Platão, não a Sócrates. Essa teoria, segundo a qual o mundo físico das imagens e impressões é uma pálida imitação de um mundo mais elevado de conhecimento e verdade, lança mão do princípio da analogia. Sob seus termos, não podemos conhecer coisas como árvores e animais, já que o mundo das aparências que elas povoam não se presta a um conhecimento propriamente dito. Na visão de Platão, só podemos conhecer realmente aquilo que é verdadeiramente real, e esse critério só é satisfeito por objetos perfeitos e imutáveis. Em algum lugar, ele afirmava, existe uma árvore ideal que fixa o padrão, e é dela que as árvores comuns derivam sua forma. Essa árvore ideal é também o objeto a que aludimos em nossa fala cotidiana sobre árvores. No que diz respeito aos carvalhos e plátanos comuns dos parques e florestas, temos com eles uma relação que é inferior ao conhecimento, mas análoga a ele — isto é, meramente os percebemos. Podemos, contudo — com a formação filosófica apropriada —, adquirir conhecimento sobre os correspondentes das árvores e dos animais que residem no mundo da verdade eterna. Enquanto as percepções podem ser embaçadas ou errôneas, todo conhecimento desse domínio mais elevado seria perfeito e nunca passível de correção.

Para descrever nossa relação com o mundo da verdade, Platão lançou mão de uma das analogias mais famosas da filosofia ocidental: o mito, ou alegoria, da caverna. Em sua obra-prima, *A República*, pede-nos para imaginar homens aprisionados numa caverna, sem nunca terem visto o mundo exterior. São mantidos acorrentados e de costas para a entrada, sequer podendo mover a cabeça para se voltarem e se verem uns aos outros ou a luz do dia atrás de si. Um fogo é mantido aceso na entrada da caverna, e as pessoas que passam diante dele projetam sombras de si mesmas e de suas cargas sobre a parede à frente dos prisioneiros. Se acaso um passante falasse, o som ecoaria dessa parede e os prisioneiros suporiam, naturalmente, que as palavras que ouviam eram pronunciadas pelas sombras. Como estão nessa terrível situação desde que nasceram, os prisioneiros julgam que a realidade nada mais é que essa exibição de sombras tremulantes. Ora, se um desses homens fosse subitamente libertado de seus grilhões e levado a se voltar e encarar a claridade, teria os olhos ofuscados e feridos pela luz do fogo e do dia. Não estando habituado à luz, não conseguiria ver claramente quem passasse pela abertura da caverna e não acreditaria de pronto estar olhando para um mundo mais "real" que aquele em que cresceu. Precisaria primeiro fitar coisas menos luminosas, como as estrelas no céu noturno e reflexos na água, antes de chegar a contemplar objetos à plena luz do dia. No final, seria capaz de encarar o próprio Sol e compreender que é ele que determina as estações e lhe permite ter percepções. Em nossos dias, a caverna de Platão é muitas vezes comparada a uma sala de cinema da qual saímos pestanejando e trôpegos depois de uma matinê.

É paradoxal que, embora o desejo de Platão fosse rejeitar as crenças comuns sobre objetos cotidianos como meramente análogas ao conhecimento dos objetos ideais, a parábola da caverna em que expressa essa ideia mais vividamente seja ela própria uma analogia. Isso pode parecer contraditório, mas precisamos lembrar que o valor de uma boa alegoria reside menos em sua capacidade de provar uma argumentação que no modo como é capaz de nos apontar a direção geral da verdade. Usando o método da alegoria, a caverna de Platão ajuda-nos a passar de um terreno bem explorado para o território desconhecido onde, ele espera, a analogia já não será necessária. A história explica também por que as ideias de Platão, apresentadas como de Sócrates, talvez não convencessem imediatamente seus ouvintes, pois se o primeiro prisioneiro retornasse à caverna e informasse àqueles ainda cativos sobre o mundo lá fora, estes zombariam dele, taxando-o de maluco. Muitos pensadores do mundo real que tentaram ver a verdade por trás das aparências enfrentaram reações semelhantes. Ao apontar seu telescópio para Júpiter, Galileu discerniu os satélites do planeta e descobriu que um corpo celeste podia orbitar outro, mesmo este não sendo o centro do universo. Por analogia, raciocinou que a própria Terra poderia estar em um arranjo semelhante. Apesar de rejeitado em geral como absurdo na época, seu raciocínio ajudou a conduzir à compreensão atual do sistema solar.

O Sol é de importância crucial no relato de Platão. Ele negava que o conhecimento equivalia à percepção, pois esta não é confiável ao passo que o verdadeiro conhecimento seria infalível. No entanto, sua analogia da alma com o olho mostra que ele pensava que o conhecimento opera por um mecanismo similar ao da percepção. Para Platão, apreensão é apreensão *de* uma coisa *por* outra coisa *por meio* de outra coisa. É preciso haver alguém que apreende, algo apreendido e finalmente um meio pelo qual a apreensão tem lugar. Assim como o Sol é a causa de nossas percepções graças à luz que emite, há algo que é a causa do conhecimento graças a um tipo de luz intelectual que opera sobre a alma. Platão chamou esse algo de a ideia do "Bem", que é a fonte da verdade e da razão nos seres humanos. O dever da filosofia era nos ensinar a usar a razão — nosso "olho" intelectual — de maneira apropriada, dirigindo-a para coisas que, de início, nos poderia ser difícil ou mesmo penoso olhar. A caverna e o Sol funcionam ao mesmo tempo como alegorias e argumentos para Platão. Em primeiro lugar, contam-nos uma história sobre como viemos a ser cegados para a verdade e como poderíamos passar a ver a luz. Em segundo lugar, se admitimos que a capacidade de compreender é uma faculdade, como a capacidade de ver ou ouvir, admitiremos que ela requer um meio, assim como a visão requer a luz como meio. Quando esse fator está ausente — quando a luz da razão é desprezada em favor da fé ou da ilusão —, estaremos verdadeiramente nas trevas no que diz respeito ao conhecimento.

Isso faz Platão soar bastante sóbrio, mas ao mesmo tempo ele acreditava que a ideia do "Bem" — o objeto que emitia "luz" intelectual — era tão real quanto o Sol (mais real, de fato, uma vez que se situava no reino eterno e imutável das ideias). A maioria dos adultos precisaria de mais provas que uma mera analogia antes de dar crédito a uma entidade oculta como essa. O conhecimento assemelha-se à percepção — ou à visão, pelo menos — sob muitos aspectos, mas sua operação não parece requerer uma fonte de energia transcendental. Nem todos os sentidos, aliás, requerem um meio. A visão requer uma fonte de luz, enquanto a audição depende do ar para transportar os sons, mas não parece haver um equivalente no caso do tato, por exemplo, em que nada é necessário além de mãos e objetos. Ademais, o Sol não é a única fonte de luz. Como lâmpadas, tochas e velas podem todos fornecer a iluminação que nos permite enxergar, a "luz" da compreensão poderia ter ela própria mais de uma fonte, não o "Bem" apenas. Assim como a descoberta de fatos conflitantes pode pôr em xeque uma teoria, imagens conflitantes como essas podem liquidar uma analogia. Embora a alegoria de Platão nos induza a levar adiante a investigação do "Bem", dessemelhanças igualmente poderosas nos dizem para não nos darmos a esse trabalho.

A luz do Sol e a "luz" da razão se prestam a uma comparação agradável, e não surpreende que Platão tenha se deixado seduzir. Argumentações fundadas em analogia buscam mostrar que duas coisas semelhantes sob um aspecto devem ser semelhantes também sob outros. Quando dizemos isso, pensamos que os traços que já constatamos serem semelhantes são os essenciais — aqueles que determinam se um objeto terá ou não as características adicionais que são o objeto da investigação. No entanto, o que parece essencial para nós, seres humanos, pode não o parecer para a natureza, e é muitas vezes por isso que argumentações fundadas em analogia malogram. Por exemplo, ao mesmo tempo que a natureza pode permitir que um tipo de fruto seja nutritivo, isso não a impede de criar outros que são venenosos, embora se assemelhem ao primeiro. A toxicidade pode ser um aspecto muito importante para nós, mas parece não ser tanto para as plantas, que não se preocupam em parecer suculentas apenas quando comestíveis por seres humanos. As aparências servem realmente como guias úteis para forrageadores, já que uma inspeção atenta — acompanhada por um pouco de conhecimento — nos permite em geral distinguir uma amoreira da mortífera beladona. No entanto, até grandes conhecedores por vezes se enganam, e seria imprudente esperar que toda frutinha preta e reluzente fosse uma delícia.

Como vimos, analogias funcionam para sugerir linhas de investigação futura sobre fatos concernentes ao mundo natural, não para demonstrar essas verdades em si mesmas. Às vezes, contudo, funcionam como mais do que postes indicadores para a verdade. Isso ocorre quando já estabelecemos qual é a verdade mas ainda ignoramos suas ramificações, como muitas vezes ocorre na esfera da moral. A ideia de direitos dos animais, por exemplo, funda-se nas analogias traçadas entre seres humanos e outras criaturas vivas. Um chimpanzé tem as faculdades cognitivas de um bebê humano. Portanto, sustentam os ativistas dos direitos dos animais, um chimpanzé deveria ter os mesmos direitos que conferimos a nossos filhos e, por extensão, os mesmos direitos à vida de que os adultos desfrutam. Nesse caso, nós arbitramos o que um indivíduo deve possuir para fazer jus a direitos. Se for a capacidade de demonstrar algum tipo de consciência e alguma sensibilidade à dor, então pelo menos os animais "superiores" são tão qualificados quanto pessoas. É bem verdade que as faculdades mentais de um macaco ou de um golfinho são limitadas e não se desenvolvem como as de uma criança humana, mas dá-se o mesmo em adultos portadores de incapacidades físicas ou mentais graves, e nem por isso os relegamos ao status de animais. Ao contrário, pode-se afirmar que muitas sociedades defendem com mais vigor os direitos dos deficientes que os dos cidadãos capazes de defender a si mesmos. Empregamos padrões duplos, portanto, quando negamos direitos aos animais.

As analogias são muito eficazes para expor irregularidades desse tipo de nossa parte. O mundo físico opera segundo suas próprias leis, mas quando se trata de ética, a responsabilidade é nossa. Se afirmamos que faculdades cognitivas conferem o direito à vida, essa é uma decisão nossa, não um fato que poderíamos ter ou não descoberto. Em consequência, argumentações fundadas em analogia na esfera moral exigem que sejamos justos e coerentes em nossa tomada de decisão. A natureza, por outro lado, embora certamente injusta, escapa ao nosso controle, e não podemos esperar que seja coerente.

6. As Metas de Aristóteles

Os propósitos da vida

Aristóteles não teve um método único que aplicasse a toda a sua filosofia. A seu ver, cada área de estudo requeria procedimentos de investigação e padrões de exatidão próprios. Como escreveu a respeito da ética,

> Nossa discussão será adequada se tiver tanta clareza quanto o tema permita, pois a precisão não deve ser buscada sempre da mesma maneira em todas as discussões, assim como não o pode ser em todos os produtos dos ofícios.

Aristóteles tinha, contudo, uma ideia que, na sua opinião, podia ajudar a explicar muitas coisas, do movimento dos corpos celestes ao comportamento dos seres humanos: a teleologia. Tratava-se da ideia de que o presente podia ser compreendido por referência ao futuro. A natureza de uma coisa — fosse uma semente ou um homem — era inextricavelmente ligada a seu *telos*, sua meta ou fim último. O fim último de um objeto dá forma à sua natureza, e essa natureza subsequentemente o compele rumo a sua meta. A meta de uma bolota, por exemplo, é um carvalho, e só podemos compreender a bolota por referência ao que ela tem o potencial de se tornar. Ademais, bolotas só nascem em carvalhos, nunca em abetos ou macieiras, muito embora estas árvores sejam nutridas pela mesma água e o mesmo solo que as primeiras. Segundo Aristóteles, era o *telos* da bolota, expresso em sua constituição, que fazia a diferença. Também os seres humanos tinham um fim último, e, se conseguíssemos compreender qual era ele, estaríamos muito mais bem preparados para alcançá-lo.

Aristóteles nasceu em Estagira, uma pequena colônia grega na costa trácia, em 384 a.C. Seu pai, que morreu quando ele era menino, era o médico da corte do rei da Macedônia, daí a grande vinculação do filósofo com o Estado. Aos dezoito anos, ele viajou para Atenas a fim de estudar na Academia sob a orientação de Platão. Ali permaneceu pelos vinte anos seguintes, despontando como o mais notável discípulo de seu mestre — embora nem sempre o mais obediente. Seria de esperar que Aristóteles assumisse o comando da escola após a morte de Platão em 347 a.C., mas na qualidade de residente estrangeiro estava legalmente impedido de ter propriedades em Atenas. De todo modo, a essa altura as ideias de Aristóteles haviam divergido radicalmente da ortodoxia platônica. "Sou amigo de Platão", ele disse, "mas ainda mais amigo da verdade." Ao contrário de seu mestre, preferia investigar fatos a especular sobre ideais elevados, pelo menos num primeiro estágio. Quem assumiu o comando da Academia foi Espeusipo, um sobrinho de Platão, e Aristóteles partiu em viagem pela Ásia Menor com os amigos e colegas Teofrasto e Xenócrates. Ali casou-se com Pítia, sobrinha do soberano de Atarneia, mas este foi morto numa rebelião e dois anos depois Aristóteles foi convocado a Pela, capital da Macedônia, pelo rei Filipe. O rei lhe pediu que, na condição do eminente intelectual do mundo, fosse o preceptor privado de seu filho de treze anos, o futuro Alexandre, o Grande. A missão agradou muito ao filósofo, pois, diferentemente de Platão, acreditava que esse papel nos bastidores era o mais apropriado para os filósofos. Como escreveu num fragmento que restou de uma obra perdida, *Da realeza*:

> Para um rei, não é apenas desnecessário ser um filósofo, é até uma desvantagem. Um rei deveria, antes, ouvir o conselho de verdadeiros filósofos. Assim, cumularia seu reino de boas ações, não de boas palavras.

Quer as ações de Alexandre possam ou não ser qualificadas de "boas", ele pelo menos conseguiu conquistar o mundo conhecido. Aristóteles parece ter tido pouca influência sobre seu pupilo além de infundir-lhe sonhos de glória homérica. Por exemplo, certa vez ele sugeriu a Alexandre que a melhor maneira de manter a subserviência dos bárbaros derrotados aos gregos era tentar impedir casamentos mistos. O aluno respondeu casando-se com a filha de um nobre persa e obrigando seus generais a fazer o mesmo. Apesar disso,

Aristóteles continuou sendo um conselheiro informal, e muitas vezes distante, de Alexandre depois que este se tornou adulto, só tendo tido um dissabor quando o imperador achou por bem executar seu cronista — e sobrinho de sangue de Aristóteles — Calístenes de Olinto por traição em 328 a.C.

Após passar três anos na corte macedônia, Aristóteles recolheu-se à propriedade de sua família em Estagira e, em 335 a.C., já com quase cinquenta anos, voltou para Atenas. A essa altura Espeusipo morrera e o velho amigo de Aristóteles, Xenócrates, fora eleito para dirigir a Academia. Aristóteles fundou uma escola rival, chamada Liceu, num bosque fora da cidade. Nos treze anos seguintes, ministrou aulas complexas para um círculo exclusivo de discípulos, antes de passar a fazer preleções para um público mais amplo à noite. Muitas das obras do filósofo que sobreviveram datam dessa época, em geral na forma de apontamentos de aula. Somam quarenta e sete volumes, mas provavelmente representam pouco mais de um quarto de sua produção total. Aristóteles era em seu tempo a pessoa mais versada em todos os campos intelectuais, da astronomia e da lógica à anatomia e à geografia. Ninguém, antes ou depois, jamais se lhe equiparou. Sua derrocada veio em 323 a.C., quando a morte de Alexandre, o Grande, provocou uma revolta contra o governo pró-macedônio de Atenas. Como associado do falecido imperador, Aristóteles enfrentou acusações falsas de impiedade. Resolveu fugir para que — como consta teria dito — "os atenienses não tivessem outra oportunidade de pecar contra a filosofia como já o haviam feito com Sócrates". Um ano mais tarde, sucumbiu a uma doença do estômago e morreu onde se refugiara, na ilha mediterrânea de Eubeia.

A questão dos "fins últimos" foi uma parte pequena, mas persistente, da volumosa obra de Aristóteles. Ele afirmava que os cientistas que o haviam precedido, como Demócrito (460-370 a.C.), haviam se concentrado demais no "empurrão" do passado e não o bastante no "puxão" do que estava por vir. Explicou que as coisas tinham quatro tipos distintos de causas — materiais, formais, eficientes e finais. A causa material de uma estátua, por exemplo, seria o mármore ou o bronze de que era feita. Essa matéria continha a potencialidade da estátua em sua massa amorfa. A causa formal era a ideia ou imagem segundo a qual a estátua era moldada, e existia como um plano na mente do escultor. O escultor é também a causa eficiente — isto é, o agente da mudança que o mármore ou o bronze sofre. A causa "final" é o propósito para o qual a estátua foi feita, como o desejo de agradar a um protetor ou de ganhar a vida como artista. Segundo Aristóteles, toda ação envolve a liberação de um ou outro tipo de potencialidade na matéria com essa causa final em vista. O ovo é potencialmente a galinha e, após a incubação, alcança seu fim ao sair da casca. A água, por outro lado, contém a potencialidade do vapor, que é liberado através da ação de um fogo aceso sob o caldeirão. Todas as coisas aspiram a passar da potencialidade para sua atualidade, e, por fim, a um estado de perfeição — que é também um estado de repouso. O movimento e a mudança são os meios pelos quais o alcançam, dirigidas por suas causas finais, ou metas. As pedras, por exemplo, caem no chão quando as largamos, em vez de subir flutuando até as nuvens, porque são essencialmente coisas materiais e buscam a terra, que é o lugar mais baixo. As chamas, por outro lado, têm em si algo de celeste e se projetam para o alto. Outros objetos buscam diferentes lugares de repouso, segundo sua natureza particular.

Enquanto o fim último de uma estátua requer a ação do escultor para liberar sua potencialidade, os objetos naturais detêm essa possibilidade de ação em si mesmos. No mundo natural, ensinou Aristóteles, todas as coisas tinham um *telos* e exibiam um projeto natural de buscá-lo. As chamas e as pedras também tinham um *telos*, mas eram os projetos oferecidos pelo estudo zoológico que propiciavam a Aristóteles suas ilustrações mais claras. Ele se impressionava com quanta coisa, no mundo vivo, parecia arranjada não de maneira casual, mas propositalmente e das maneiras mais complicadas e improváveis. O propósito dos olhos, claro, é ver, e eles são criados com tal complexidade que a visão se torna possível. O propósito dos guepardos é caçar gazelas, para isso lhes são dadas patas fortes a fim de que possam correr no encalço de suas presas. As gazelas, por sua vez, perseguem o propósito de escapar dos guepardos e, por isso, também podem correr muito velozmente. Os dois animais, tal como os seres humanos, têm dentes incisivos para morder e molares para mastigar — ações para as quais estão respectivamente bem adaptados. Deixados ao acaso, poderíamos nascer eventualmente com os molares na frente de nossas bocas e os dentes incisivos atrás. A razão por que isso acontece tão raramente reside na mão do propósito, embora Aristóteles não pensasse que essa mão precisasse estar presa ao braço de um Criador inteligente. A noção de um universo projetado para nosso benefício por um Deus benevolente foi uma adaptação do pensamento de Aristóteles levada a cabo por seus comentadores cristãos. O deus imaginado por Aristóteles gozava de uma condição de atualidade absoluta e repouso perfeito. Toda a sua obra — toda a sua potencialidade — estava, por assim dizer, realizada, e era pouco provável que Ele tivesse algum interesse nos assuntos dos mortais.

Aristóteles estava certo ao afirmar que características como dentes aguçados e patas fortes não se tornam onipresentes numa espécie por obra do acaso. Ignorava, contudo, o mecanismo da seleção natural que os produzia — um fator que permaneceria desconhecido até a publicação da *Origem das espécies* por Darwin em 1859. Guepardos nascidos com patas fracas teriam morrido de fome antes de poder transmitir seus traços à sua progênie e, assim, seus rivais de patas fortes acabariam se multiplicando mais depressa. Patas fortes tampouco eram algo que a espécie dos guepardos "buscasse obter", por assim dizer, como um fim último, não passando de uma resposta a seu ambiente — nesse caso, a velocidade de sua presa. Caso as gazelas tivessem desenvolvido dentes e garras aguçados para se defenderem em vez de patas fortes com que fugir, guepardos de constituição mais robusta predominariam sobre os espécimes enxutos "projetados" para a velocidade. Isso até poderia vir a acontecer, se esperássemos mais alguns milhares de anos. É fácil entender por que a velocidade é um traço tão bem-sucedido no patrimônio genético dos guepardos no presente, já que os ajuda a alcançar seu objetivo de capturar sua presa. Mas esse não é, estritamente falando, o objetivo de suas pernas. Da mesma maneira, os olhos não existem "para" ver, simplesmente veem — uma capacidade que assegura sua proliferação no patrimônio genético. A seleção natural não é o processo inerente pelo qual a natureza passa da potencialidade à atualidade, para usar a terminologia de Aristóteles. É antes um mecanismo "cego" que não favorece um fim último em detrimento de outro. Tudo que ela assegura é que os traços mais bem adaptados a um ambiente particular proliferam — e esse ambiente pode mudar, como mudou para os trilobitos e os dinossauros, e pode, um dia, mudar para nós também.

A teleologia — a linguagem do propósito — é anátema para o biólogo evolucionário dos nossos dias. Muito antes de Darwin e Mendel (1822-1884), ela foi alijada da física pelos cientistas que procuravam, em vez de fins, causas eficientes — do tipo que precede um evento e age para produzi-lo. Uma pedra que cai pode ser atraída para o chão, por exemplo, mas isso se deve à ação da força da gravidade sobre ela. O filósofo inglês Bertrand Russell (1872-1970) escreveu: "Desde o início do século XVII, quase todo avanço intelectual sério teve de começar como um ataque a alguma doutrina aristotélica." No entanto, ninguém menos que Charles Darwin reconheceu que foi Aristóteles quem deu a maior contribuição de todas à compreensão da biologia. Lamentavelmente, os métodos que o filósofo expôs não foram empregados por seus herdeiros. Admitindo, em *Da geração dos animais*, que não sabia como as abelhas se desenvolviam até a maturidade, Aristóteles escreveu:

> Os fatos ainda não foram suficientemente estabelecidos. Se jamais vierem a ser, o crédito deverá ser dado não às teorias mas à observação, e às teorias somente na medida em que elas forem confirmadas pelos fatos observados.

Por quase dois mil anos após a morte de Aristóteles, os filósofos em geral deixaram de observar fatos. Em vez de disso, limitaram-se em geral, em suas pesquisas, a observar o próprio Aristóteles. A Igreja contribuiu para a cristalização do pensamento do filósofo e desencorajou novas investigações como uma forma de impiedade. Segundo uma história contada pelo filósofo elisabetano sir Francis Bacon (1561-1626), um grupo se encontrou na Idade Média para discutir quantos dentes tinha um cavalo. Não conseguindo encontrar uma resposta em qualquer das obras de Aristóteles, um dos mais jovens e mais ingênuos deles sugeriu que fossem até o estábulo e contassem. Por isso, foi expulso da reunião. O episódio diz menos sobre os erros de Aristóteles do que sobre aqueles que, enquanto conservavam suas conclusões, evitavam seus métodos. Comentadores recentes têm sido menos severos para com o filósofo que os de um século atrás, talvez porque tantos dos dogmas inspirados por Aristóteles já estejam agora suprimidos. Somos mais benévolos com nossos inimigos depois que foram derrotados. Isto posto, o pensamento teleológico de Aristóteles não foi derrubado de maneira tão abrangente quanto poderia parecer. Na biologia, não podemos compreender a formação e o desenvolvimento dos olhos e de outros órgãos a menos que saibamos os usos a que servem. E, mais importante, quer os olhos sejam *para* ver, quer simplesmente *vejam*, é certo que lhes negar sua função natural leva à sua deterioração. Os olhos de um homem preso por muito tempo numa caverna escura serão incapazes de focalizar à luz do Sol quando ele é libertado, assim como seus dentes acabarão se enfraquecendo e caindo se ele for alimentado só de líquidos.

A mesma análise aplica-se à função do homem como um ser vivo. Aristóteles via a depravação moral como um abandono de nossa função, uma negação de nossa essência e fim último. Uma boa pessoa, por outro lado, é que aquela que desempenha bem sua função, tal como uma boa faca é aquela que corta bem. Mas como descobrimos qual a função do homem? Aristóteles definiu-a como aquela parte da natureza dos seres humanos que é exclusiva deles. Não pode ser, portanto, a faculdade de crescer, pois a partilhamos com as plantas. Nem pode ser a da sensação, já que os animais também a possuem. Os que têm na vida o prazer por única meta comportam-se como meros animais. O que de fato temos e nenhuma outra criatura tem, no entanto, é a faculdade da razão. Assim como não podemos compreender uma faca a menos que saibamos que sua função é cortar, ou uma bolota a menos que saibamos que seu fim é desenvolver-se em um carvalho, não nos compreendemos a nós mesmos a menos que estejamos cientes da faculdade que nos é particular e da meta que ela nos permite alcançar. Essa meta — o fim último para o qual todos os nossos fins são meros meios — é a *eudaimonia*, ou, como poderíamos dizer, a felicidade. Para Aristóteles, a *eudaimonia* consiste em agir em conformidade com a razão. Uma forma de atividade racional é o raciocínio prático — o tipo envolvido em virtudes morais como a coragem e a generosidade. O propósito da nossa vida é sermos bons — *bons* em sermos humanos. Contudo, mesmo que uma pessoa exiba todas as virtudes morais no grau correto, o infortúnio ainda seria capaz de lhe causar infelicidade. O indivíduo realmente feliz precisa também ser saudável, abastado e não escravo (nem mulher), acreditava Aristóteles.

Felizmente, acrescentou Aristóteles, há outro tipo de raciocínio que é imune às vicissitudes da vida. As faculdades intelectuais são a faceta mais sublime do homem e proporcionam uma forma de felicidade ainda mais elevada que a virtude moral: a atividade da contemplação filosófica. Não nos seria possível dedicar-nos a ela o dia inteiro (já que temos de comer), mas, enquanto o fazemos, estamos exercendo o que há de melhor em nós e que, segundo Aristóteles, partilhamos com os deuses. Esta talvez seja uma conclusão surpreendente, já que em geral se pensa que filosofia demais deixa a pessoa infeliz. Ela não tinha esse efeito sobre o próprio Aristóteles, que, segundo todos os testemunhos, era um sujeito alegre, mas isso não vem ao caso. "Felicidade" é só uma tradução grosseira do que Aristóteles chamava de *eudaimonia*, algo muito diferente de contentamento. A *eudaimonia* não é um estado sedentário que alcançamos após agir bem, como uma recompensa. Nosso fim último é ele mesmo uma forma de atividade e a boa vida consiste em sua execução, assim como poderíamos ir a um restaurante saborear um bom jantar sem esperar que este fosse algo que nos é dado depois da sobremesa. Embora difícil de atingir, a *eudaimonia* é muito menos elusiva que a "felicidade". Posso ter uma casa grande, dois carros, um bom emprego e uma família maravilhosa e ainda assim me perguntar: "Sou feliz?" Quando atingimos a *eudaimonia* não pode haver tanto lugar para a dúvida, pois ela é medida por fatos objetivos, não por sentimentos subjetivos. Na concepção de Aristóteles, enquanto houver alguém exercitando a virtude intelectual sem ser molestado, a mais elevada forma de vida humana terá sido alcançada.

7. A Lança de Lucrécio

O domínio do hipotético

Lucrécio, ou Titus Lucretius Carus, foi o poeta latino que escreveu o poema filosófico *Da natureza das coisas*. Nascido por volta de 94 a.C., pouco se conhece dele afora sua obra mais famosa. Antes de enlouquecer por força de uma poção do amor e cometer suicídio em 55 a.C., Lucrécio concebeu uma prova que nos permitiria saber se o universo é finito ou infinito sem termos de percorrer todo o trajeto até seus limites para um circuito de inspeção. Supondo que o universo tivesse fim, perguntou Lucrécio, o que aconteceria se alguém fosse até lá, até sua beirada, e atirasse uma lança? De duas, uma: ou a lança avançaria, ou ricochetearia. De uma maneira ou de outra, isso significaria que há algo além da beirada do universo — um objeto para se interpor ao movimento da lança ou mais espaço para ela percorrer. Portanto, ele concluiu, o espaço não pode ter um limite e deve ser infinito.

Lucrécio estava realizando um experimento mental, que difere do tipo de experimentos efetuados pelos cientistas em virtude de ocorrerem na mente e não no laboratório. Como os experimentos de laboratório, os do tipo filosófico procuram isolar a qualidade que se deseja investigar. Para verificar, por exemplo, se telefones celulares danificam células cerebrais, os pesquisadores levam em conta que muitos outros fatores também podem causar danos ao cérebro — como envelhecimento natural, traumas, abuso de álcool. Para provar que telefones celulares são perigosos (ou totalmente inofensivos), precisarão eliminar a chance de que esses outros fatores causem mais dano que o normal no curso do experimento. Experimentos mentais hipotéticos, ou cenários hipotéticos, funcionam basicamente da mesma maneira — isolando as variáveis decisivas para verificar o que acontece quando algo muda, enquanto tudo o mais permanece igual. O isolamento, contudo, pode fazer coisas estranhas com as ideias.

Na comédia de Jack Lemmon, *Don Juan era aprendiz* (1963), Robin e David estão pensando em se casar, mas começam a duvidar da durabilidade de sua união. Não tendo certeza de que se amam verdadeiramente, a noiva trama uma maneira simples de pôr as coisas em pratos limpos: os dois devem se abster de sexo por um período e ver se, ainda assim, são capazes de sustentar sua relação. O que está sendo posto à prova aqui é uma afirmação absoluta: a de que o amor é capaz de sobreviver a qualquer privação — inclusive a camas separadas. O casal raciocina que se não conseguirem conviver com esse arranjo, estará provado que não há amor verdadeiro entre eles. Lemmon, o senhorio dos dois (que, sem que o noivo o saiba, está de olho em Robin) dá conselhos a David sobre como moderar sua libido. À medida que a maquinação de Lemmon se desdobra, porém, as brigas em que os noivos se enredam ilustram não a prudência de suas dúvidas, mas as ciladas potenciais desse tipo de experimento. Um teste mais útil de sua fidelidade mútua poderia ter sido viver exatamente como o fariam quando casados. Ao manter o sexo fora do experimento, eles alteraram a natureza da própria coisa que estavam querendo pôr à prova — seu relacionamento. Se desejava apaziguar — ou confirmar — seus temores, o jovem casal teria feito melhor passando um longo período juntos, em vez de ficar correndo do quarto de um para o do outro. No fim das contas, tudo que os noivos conseguiram testar foi sua tolerância ao celibato.

O amor vê-se muitas vezes como objeto de experimentos desse tipo, embora, em geral, ao contrário do casal de Lemmon, nós os confinemos à nossa imaginação. Inseguros de nossos sentimentos, remoemos perguntas como: "Será que ainda a amarei daqui a vinte anos? E se ele fosse velho e grisalho? E se ela fosse vítima de um terrível acidente?" Pensamentos assim são ótimos até um limite, mas a consideração dessas situações hipotéticas pode nos deixar indagando se mudamos as variáveis de nosso relacionamento com alguém ou se simplesmente já não estamos falando da mesma pessoa. É claramente inútil perguntar se ainda amaríamos uma pessoa se ela se tornasse outra, inteiramente diferente. Ao mesmo tempo, tendemos a sentir que o verdadeiro amor deve dar espaço a mudanças de circunstâncias. A dificuldade é identificar o ponto crítico até o qual podemos pôr um conceito à prova, antes que, de tão distorcido, ele se torne irreconhecível.

Esse é um problema relevante para os filósofos porque eles tratam de generalidades e proposições universais — e para que uma proposição ou teoria seja universalmente válida é preciso demonstrar que ela se sustenta mesmo sob condições extraordinárias. Condições desse tipo predominam particularmente em discussões filosóficas sobre a identidade pessoal — isto é, a questão de haver um não um si mesmo que persiste através do tempo, fazendo com que Julie Smith em seus cinquenta anos de idade seja a *mesma pessoa* que o bebê Julie Smith que vemos no álbum de família. Os filósofos às vezes são acusados de não passarem de cientistas frustrados. Um estudo da literatura recente sobre identidade pessoal, por outro lado, leva à conclusão ligeiramente diferente de que eles são escritores de ficção científica frustrados. Se nos experimentos mentais dos filósofos os sujeitos costumavam não fazer nada de mais árduo que uma viagem de bonde, hoje em dia eles tendem a se ver teletransportados através do espaço, desintegrando-se com uma ameba ou sendo submetidos a transplantes de cérebro.

O debate sobre identidade pessoal começa com a antiga história da "nau de Teseu". Durante a longa viagem dessa nau, suas pranchas estragadas foram sendo substituídas uma a uma. Pergunta-se então: seria essa embarcação a mesma que começou a viagem? Como o processo de mudança foi gradual, tendemos normalmente a dizer que a relação histórica entre as duas embarcações é suficiente para que julguemos que são exatamente a mesma. Essa justificação da identidade pela "continuidade" pode ser derrubada por um simples contraexemplo hipotético. Que diríamos se, por toda a viagem, a nau de Teseu tivesse sido seguida por uma outra, tripulada por carpinteiros, e estes tivessem recolhido uma a uma as pranchas descartadas da primeira nau e as usado para construir uma réplica exata dela? Nesse caso, haveria uma rival aspirante ao título de "nau de Teseu", e esse novo competidor tem mais direitos, já que é composto dos mesmíssimos pedaços de madeira que o barco que deixou o porto muitos anos antes. Não importa que essa terceira embarcação só possa existir em nossa imaginação — o fato de ela ser possível significa que devemos considerá-la. A nau-réplica representa um contraexemplo de peso para a teoria da identidade baseada na continuidade precisamente porque a "nau de Teseu" que retorna não sofreu alteração alguma em sua natureza pelo fato de ter adquirido um *simulacro*. Simplesmente introduzimos um terceiro elemento que altera as variáveis de sua situação.

Nem sempre o quadro é tão claro. Muitas pessoas conseguem levar vidas relativamente normais apesar de terem sofrido danos catastróficos que as deixaram com apenas um hemisfério cerebral em funcionamento. Dando uma feição futurística a esses casos, o filósofo inglês David Wiggins (1933-) indagou o que seria do seu *eu* se seu cérebro fosse dividido em dois hemisférios e estes fossem em seguida transplantados para dois corpos diferentes. A pergunta de Wiggins desafia todos os que acreditam que o cérebro é a sede do *eu*. Imagine que você fosse acometido por uma doença que destruísse seu corpo e um de seus hemisférios cerebrais. Como estamos no futuro, existe tecnologia para preservar o hemisfério restante e transplantá-lo para um novo corpo. Portanto, se você se submetesse à operação, não seria descabido que esperasse — tendo em vista o registro de sucessos anteriores nesse campo — despertar na sala de recuperação quando tudo tivesse terminado. Você poderia se encontrar num corpo desconhecido, mas mesmo assim ele seria você, já que o novo corpo possui seu antigo cérebro. De início, seus amigos talvez estranhassem um pouco a mudança, mas acabariam se acostumando à sua nova forma. Agora imagine um desdobramento diferente: seu cirurgião lhe diz que poderá de fato preservar ambos os hemisférios de seu cérebro, mas será preciso separá-los e implantá-los em dois corpos doadores diferentes. É possível que, antes de a anestesia começar a fazer efeito, você tenha tempo de se perguntar em qual dos corpos vai despertar. É claro que não lhe seria possível despertar nos dois corpos, já que isso implicaria passar a ser duas pessoas ao mesmo tempo. Seria igualmente estranho se você não despertasse em nenhum dos corpos. Se a operação é considerada um sucesso quando um único hemisfério sobrevive, como então, pergunta Wiggins, um "duplo" sucesso poderia ser considerado um fracasso? As estatísticas não forneceriam muito alento ao futuro paciente.

Embora seu *eu* possa sobreviver à operação, o que entendemos por individualidade talvez não sobrevivesse. Estamos habituados a conceber o *eu* como uma unidade, ou pelo menos a acreditar que se, no futuro, formos idênticos a alguma versão mais antiga de nós mesmos, haverá apenas um *eu* como aquele em qualquer momento dado. Wiggins parece nos mostrar, entretanto, que, pelo menos em teoria, a pessoa que Julie Smith é em 2001 poderia ser "a mesma pessoa na forma de" duas pessoas separadas em 2051. Fica claro que não é o *eu* do paciente que está sendo posto à prova, mas nosso conceito de individualidade. Nosso objetivo inicial era descobrir as circunstâncias mais extremas em que dois indivíduos podem ser a mesma pessoa, mas acabamos alterando a definição do que significa ser "a mesma pessoa". Seria razoável objetar que a situação hipotética proposta por Wiggins não diz respeito ao que entendemos usualmente por individualidade, e por isso não se aplica a noções comuns de identidade pessoal. Nossos conceitos cotidianos destinam-se ao uso cotidiano e não têm culpa se não conseguem resistir a experimentos mentais fantásticos inventados por filósofos. Essa seria uma objeção justa se a situação hipotética não provocasse uma reação em nós e não nos deixasse insatisfeitos com nossa concepção tradicional de identidade. Aplicar um conceito comum — ou qualquer conceito — apenas em contextos que lhe são favoráveis é pôr o sentimentalismo antes da verdade.

Como é pouco provável que venhamos a nos encontrar no impasse que Wiggins descreve, talvez não fiquemos excessivamente aflitos admitindo sua ideia. Já no caso de outros conceitos, como um amor, pode ser que não sejamos tão cordatos. Parte do problema com situações hipotéticas é que muitas vezes é difícil perceber onde as variáveis terminam e onde começa a natureza essencial do conceito que estamos testando. Em muitos casos não haverá nenhuma linha divisória clara entre os dois. O que realmente sabemos é que, quando começamos a especular sobre questões que nos tocam de perto, é fácil esquecer onde começamos. Ao submetermos nosso amor por alguém a testes teóricos, podemos não perceber quando o refletor se desloca do ser amado para um invento de nossa imaginação. Quando descobrimos que nossos sentimentos são desmentidos em face de algo que só existe hipoteticamente, conviria nos certificarmos de que o exame a que os submetemos foi imparcial. Quando um conceito, crença ou emoção não passa num teste que lhe prescrevemos, é porque algumas vezes — como Robin, David e

Jack Lemmon — testamos de fato uma coisa completamente diferente. Assim como seria disparatado acusar os fabricantes de um cadeado "inquebrantável" se um assaltante pusesse abaixo a porta inteira, não deveríamos esperar que um conceito fizesse a guerra de outro.

8. A Navalha de Occam

As virtudes da simplicidade

Diante de dois filósofos discutindo um complicado problema filosófico, um ouvinte talvez ficasse curioso em razão de tanto barulho. Poderia se perguntar por que eles não eram capazes de concordar simplesmente em que a explicação mais simples é a melhor e parar por aí. De fato, a maioria dos filósofos endossaria esse parecer. O princípio conhecido como "navalha de Occam" é assim chamado em homenagem a Guilherme de Occam, o monge medieval que a brandiu com tanto entusiasmo. Occam foi o autor de uma sugestão famosa: as entidades não deveriam ser multiplicadas além do necessário. Uma formulação da "navalha" agradável aos cientistas atuais — para não mencionar as pessoas dotadas de senso comum — seria a seguinte: quando duas teorias concorrentes podem ser ambas adequadas para explicar um dado fenômeno, deve-se preferir a mais simples.

Occam nasceu em 1285 na aldeia de Occam em Surrey, ou na de mesmo nome em Yorkshire. Pouco se sabe sobre seus primeiros anos, mas após cursar o seminário da ordem franciscana ele iniciou um curso de teologia na Universidade de Oxford. Seus comentários controversos sobre as *Sentenças* de Pedro Lombardo — o manual religioso padrão da época — logo ofenderam os professores de filosofia de Oxford. Enquanto santo Agostinho de Hipona (354-430 d.C.) considerava os sacramentos cristãos meros sinais visíveis da graça invisível de Deus, a explicação de Lombardo os promovia a causas reais de favor divino. Occam, esposando a visão agostiniana, recusou-se a admitir que Deus precisava da intervenção de mortais para operar Sua vontade. Após ser publicamente acusado de herético, foi obrigado a deixar a universidade sem obter o grau de mestre. Completou seus estudos em Paris, onde suas ideias novamente despertaram oposição e lhe valeram uma advertência das autoridades docentes. Identificando nele um agitador, o papa João XXII convocou Occam a Avignon, onde, na prática, prendeu o monge em um convento durante quatro anos. Mesmo ali Occam continuou a procurar controvérsia, afirmando que deveria ser permitido aos franciscanos renunciar aos bens terrenos. Em 1328, Occam fugiu para Munique com dois outros membros de sua ordem. Por esse ato de desacato, o papa João XXII decretou imediatamente sua excomunhão. Em Munique, Occam viveu sob a proteção do igualmente recalcitrante imperador Luís IV, a quem teria supostamente proposto: "Se me defenderdes com a espada, eu vos defenderei com a pena." Enredando-se ainda mais na política eclesiástica, defendeu fervorosamente a causa do imperador em sua luta com o papado pelo poder. Antes de finalmente sucumbir em 1349 ao que era possivelmente a peste negra, Occam encontrou tempo para analisar minuciosamente os editos de João XXII e — sem dúvida com grande satisfação — declarou-o um herético e um pseudopapa.

É notório que foi por razões alheias à simplicidade que Occam propôs sua tese mais famosa: que as criaturas e os objetos não possuem essências dotadas de existência independente. A visão dominante na época (derivada de Platão) era que, além de Rex, Totó e todos os demais cachorros, existia também um objeto — "Cachorro" — à cuja imagem todos os nossos cachorros, em suas diferentes formas e tamanhos, haviam sido feitos. Se não é possível encontrar Cachorro nesta terra, isso não tem nenhuma importância, porque Cachorro, juntamente com todas as essências, reside na mente do Criador, onde caça alegremente o "Gato" e rói o "Osso". Deixar de lado essas essências existentes certamente contribui para uma visão mais simples do universo, mas a verdadeira preocupação de Occam era que elas impunham uma limitação à liberdade criativa de Deus. Segundo ele, Deus, ao moldar o mundo, não operou a partir de ideias preconcebidas, mas esculpiu a seu bel-prazer. Isso não impede que certos grupos de objetos se assemelhem uns aos outros de várias maneiras, o que permite aos homens formar conceitos universais como "Homem", "Gato" ou "Carvalho". É aí que a navalha de Occam entra em ação, pois podemos falar dessas generalidades sem apelar para "ideias na mente do Criador". Termos gerais, sustentou Occam, são símbolos que representam uma "intenção" da mente de agrupar vários objetos comuns. Como não há nenhuma necessidade de invocar um objeto extra — por exemplo, a essência de "Carvalho" a que esse termo se referiria —, o fato é que tal objeto não existe. Essa ideia, conhecida como "nominalismo", foi a maior façanha teórica operada por Occam com o uso da "navalha". Infelizmente ele não parou por aí. Usou também sua navalha para se desvencilhar da existência do movimento — que pode ser descrito adequadamente, afirmou, como o reaparecimento de uma coisa num lugar diferente. Pelo menos nesse sentido, Occam talvez não tenha sido a melhor propaganda para seu próprio princípio.

Em sua forma mais pura, a "navalha" é um método de trabalho, não uma apreensão da natureza do mundo. Como tal, não pode ser refutada por um caso em que a explicação mais simples seja demonstravelmente falsa. Como qualquer conjunto de fatos pode ser explicado por um número indefinido de hipóteses, no mínimo poupa-se tempo se for testada primeiro a hipótese mais simples. Quando, por exemplo, uma pessoa recusa reiteradamente um convite seu para um encontro, pode ser porque ela anda superocupada ultimamente, ou porque aceitar a deixaria nervosa demais, ou ainda porque você ainda não sugeriu um local atraente. A explicação mais simples, contudo — e a presunção normal nessas circunstâncias —, é que a tal pessoa não gosta de você. Até que ela expresse o contrário, você só tem a ganhar admitindo isso, se quiser poupar energia.

Uma outra aplicação, mais controversa, faz da navalha de Occam mais que uma mera regra geral nem sempre confiável. Como o filósofo Ludwig Wittgenstein formulou: "Uma roda que gira sem que nada gire com ela não é parte do mecanismo." Em outras palavras, sempre que alguma coisa é desnecessária para a compreensão de determinado processo, há razões para afirmar que ela não desempenha nenhum papel nele. Por exemplo, filósofos behavioristas da mente afirmam que nossas palavras e ações podem ser explicadas sem que ponhamos em jogo experiências psicológicas, como intenções, desejos e sentimentos. Sem essas entidades, a explicação da ação humana fica muito mais simples, e assim sendo, com uma navalhada particularmente implacável, os behavioristas as aboliram. Em consequência, foram acusados de "fingir analgesia" — de negar para todos os propósitos a existência da consciência. Embora os mais cabeças-duras deles aceitassem a acusação com orgulho, que behavioristas mais moderados afirmaram que a consciência (seja lá o que for isso) não desempenha papel algum na explicação do modo como agimos. Dessa maneira, a "navalha" não é necessariamente uma ferramenta para a rejeição daquelas entidades que se multiplicaram desnecessariamente, mas uma mera lâmina que corta e separa entidades de modo a que possam ser postas em seu devido lugar. Por exemplo, os darwinistas acreditam que a evolução explica nossa existência e que citar a influência de Deus é introduzir uma entidade supérflua. Declaram também que não pretendem refutar a existência de Deus. Sustentam que, embora Deus possa existir, não desempenhou nenhum papel direto na criação da raça humana. Esse rebaixamento pode ou não aplacar os religiosos. Como sempre que a "navalha" é usada, nada garante que a nova condição de uma entidade não será tão repugnante para seus entusiastas quanto teria sido a sua rejeição cabal.

Devemos ter cuidado de só usar a navalha de Occam para podar os elementos dispensáveis de uma teoria explanatória — isto é, os que não fazem nenhum trabalho útil na explicação dos fenômenos. Ela não deveria ser usada para cortar fora os próprios fenômenos a serem explicados (quebrando essa regra, os teóricos poderiam tornar seu trabalho realmente muito fácil). Mesmo os behavioristas mais extremados não incorrem nesse erro — não cortaram fora nosso comportamento, por assim dizer. No entanto, eles simplificaram sua teoria à custa de um outro fenômeno digno de consideração — a natureza subjetiva dos estados mentais como imaginar ou sentir dor. Os estados mentais que eles negam exigiriam explicação mesmo que não desempenhassem um papel no comportamento. Sua perda é um preço caro demais a se pagar pela simplicidade.

Convém notar que o princípio de Occam contém uma subcláusula implícita: "Todas as outras coisas sendo iguais." A explicação mais simples só deve ser preferida a uma mais complexa se, sob outros aspectos, ambas tiverem poderes explanatórios equivalentes. Se uma teoria mais complexa é capaz de explicar coisas muito melhor que uma simples, deveríamos preferi-la. Occam não valorizava a simplicidade acima de tudo, meramente acreditava que ela nos dava bases para escolher entre duas explicações igualmente adequadas. Para a consternação dos historiadores de poltrona, Occam nunca usou sua "navalha" para resolver um enigma escolástico famoso, embora apócrifo: a questão de quantos anjos podem dançar na cabeça de um alfinete. Usando a "navalha", a resposta mais simples — e portanto a "correta" — é, claro, só um.

9. O Príncipe de Maquiavel

O apelo ao que há de pior em nossa natureza

Niccolò Machiavelli, ou Maquiavel, declarou que, para o soberano "mais vale ser temido que amado, é mais prudente ser cruel que compassivo". Por causa de conselhos desse tipo, "maquiavelismo" tem sido, há séculos, um epíteto para vilania, quando, mais propriamente, implica realismo. As palavras "fantasia" e "idealismo", por outro lado, escaparam de certo modo ao opróbrio lançado sobre sua rival, embora em qualquer relato imparcial da história do século XX sejam elas que mais têm do que se defender. Os pensamentos que fizeram a má fama de Maquiavel foram elucidados em *O Príncipe*, escrito em 1513 para Lorenzo de Medici, soberano de Florença. O livro não é moral nem imoral; é amoral. Não é nem um discurso de justificação do poder do Estado, nem um tratado sobre os objetivos morais que um soberano deveria perseguir. Ao contrário, é um guia neutro para se alcançar e manter o poder político. Suas estratégias tomam os homens como são, não como deveriam ser. Como Maquiavel escreveu: "O modo como os homens vivem está tão distante do modo como deveriam viver que alguém que abandone o que é pelo que deveria ser persegue sua derrocada, não sua preservação." De que valem, afinal, valores políticos sem o poder de colocá-los em prática? Os mesmos sentimentos são evidentes hoje nas proezas dos políticos democráticos modernos para arranjar votos sempre que o dia das eleições se aproxima. Talvez eles não o admitam, mas suas proezas também encontrariam aprovação nas páginas de *O Príncipe*.

Muitos grandes filósofos consideravam a maior parte das pessoas estúpidas; Maquiavel, porém, preferia considerá-las perversas. Os soberanos, ele afirmava, deveriam ter isso como favas contadas e, se eles tivessem sorte elas seriam também estúpidas. Claramente, a perversidade de que Maquiavel falava era licenciosidade e egoísmo — dois vícios que o liberalismo e o capitalismo de hoje toleram respectivamente. Se hoje o veredito de Maquiavel sobre o comportamento dos homens comuns parece cruel, não deve ter soado mais brando no clima filosófico do início do século XVI. O *ethos* humanista do Renascimento buscava liberar as intenções virtuosas da humanidade e permitir-lhes dar forma ao bom funcionamento do Estado. Sendo basicamente um autodidata, Maquiavel evitou essas ideias prontas em seus estudos iniciais. Mas embora não desse aos valores morais a ênfase que lhes conferiam seus confrades, partilhava da ideia de Galileu e outros de que o homem poderia vir a compreender o projeto de Deus para o universo. Sua metodologia era humanista, mesmo que suas conclusões não o fossem.

Livros parecem ter sido o único divertimento de Maquiavel em sua juventude. Ele nasceu em 1469 em um ramo relativamente empobrecido de uma rica e poderosa família florentina. Seu aprendizado heterodoxo não atrapalhou sua carreira profissional e, em 1498, com apenas 29 anos foi nomeado chanceler de Florença. A Itália estava mergulhada em tumultos políticos nessa época, nenhuma de suas quatro cidades-Estado dominantes sendo capaz de resistir à influência estrangeira. O último capítulo de *O Príncipe* é intitulado "Exortação à libertação da Itália das mãos dos bárbaros" — termo pelo qual Maquiavel se referia aos franceses e espanhóis. Embora tenha escrito que a ocupação promovida por esses estrangeiros "fede às narinas de todos nós", em 1500 passou cinco meses na corte francesa, em uma missão diplomática, e viu como a vida podia ser diferente em um país unido sob um poder central forte. E no entanto, pensou, os cidadãos da França e os de Florença não são assim tão diferentes. Eram todos seres humanos com as mesmas paixões, e o que dava resultado para uma raça deveria poder ser aplicado satisfatoriamente a outra. A seu ver, porém, isso não poderia ser conseguido mediante o apelo ao que esse povo tivesse de melhor em sua natureza, pois essa suposta bondade era em grande parte uma fantasia. Em contrapartida, os meios mais execráveis que um soberano pudesse usar para conservar seu poder justificavam-se, porque a vilania do soberano nada é se comparada à de seus súditos. Maquiavel teve até uma palavra amiga a dizer sobre o tirânico César Bórgia, que se apossou de um território na Itália central em questão de meses. Justificação não era a preocupação fundamental de Maquiavel. *O Príncipe* é um livro sobre meios, não sobre fins.

Os preceitos de Maquiavel são admiravelmente claros e sucintos — em contraste, por exemplo, com os conselhos nebulosos dos guias atuais para o sucesso na vida e nos negócios. Um soberano — p.ex., Deus — deseja idealmente ser tanto temido quanto amado, mas como em geral só uma dessas duas coisas é possível em um dado momento, ele deveria escolher ser temido. Essa é a opção mais segura, porque as pessoas são

> ingratas, inconstantes e falazes, ansiosas por evitar perigos e ávidas de ganhos, e enquanto lhes sois útil estão do vosso lado, oferecendo-vos seu sangue, seus bens, sua vida e seus filhos enquanto o perigo está distante ... quando ele se aproxima, porém, vos dão as costas.

Embora os homens sejam criaturas torpes, prontas a quebrar um vínculo de amor quando de seu interesse, o medo que a ameaça de punição assegura será sempre eficaz em garantir obediência. Se Maquiavel está certo, parece que as pessoas têm o governo que merecem.

Embora seja útil ser temido, convém evitar ser odiado. A virtude não deveria ser o objetivo principal de um soberano, mas tampouco o deveria ser a má ação. Ao contrário, "ele deve praticar o bem até onde puder, mas, se compelido pela necessidade, deve estar pronto a tomar o caminho do mal". Como déspotas desde Kim Il-Sung da Coreia do Norte a Saddam Hussein do Iraque descobriram, uma vez implantado o medo, é possível fingir que seu povo o adora. Maquiavel consideraria essa estratégia arriscada demais, embora de fato aconselhe o logro como um dos métodos operacionais do soberano. Um líder nunca deveria cumprir sua palavra quando isso lhe é desvantajoso, mas deve haver pelo menos um arremedo de verdade no que diz. Um bom soberano será um exímio mentiroso. Da mesma maneira, é uma boa ideia para empresas mostrar-se preocupadas com o meio ambiente ou solidárias com seus empregados, mas talvez não seja do interesse financeiro de seus acionistas que tudo isso seja mais que simulação. Cidadãos — ou clientes, ou trabalhadores — podem ser com certeza perversos, mas, segundo Maquiavel, as coisas ficam mais fáceis se além disso forem tolos, “pois a massa se deixa sempre impressionar por aparências e resultados, e o mundo é composto da massa”. Para que nossos métodos funcionem, portanto, pode ser necessário mantê-los ocultos. Como cínicos observam muitas vezes hoje em dia, se o povo realmente gostasse de políticos honestos não insistiria em votar em canalhas.

Ao mesmo tempo, um soberano deveria exigir que seus conselheiros lhe dissessem sempre a verdade. Deveria ter em mente, porém, que esses conselheiros não são menos perversos e interesseiros que o comum da humanidade. Punições, rebaixamentos de posto e más notícias deveriam ser ministrados todos ao mesmo tempo, sempre que as condições o permitam, pois quanto menos durarem mais breves serão seus efeitos secundários. Favores e notícias boas, por outro lado, deveriam ser ministrados em pequenas doses por um longo tempo, de modo que seu efeito seja mais duradouro. Ultimamente, os políticos aprenderam a fazer melhor ainda: anunciam uma mesma notícia boa, como um aumento dos gastos públicos, em várias ocasiões diferentes, apenas mudando as palavras a cada vez.

Um soberano astuto deveria ter o cuidado de não ficar em cima do muro. Segundo Maquiavel, a ação resoluta é a melhor forma de prudência. Isso pode surpreender todos que já se viram entre dois amigos em conflito. Tomar o partido de um deles costuma ser uma maneira segura de incorrer no desagrado de ambos depois que tiverem se acertado. Porém, ainda que o conselho de Maquiavel viesse a se provar útil nesse caso, o resultado seria não o êxito de uma amizade, mas meramente o êxito de uma relação de poder. Tratamos nossos verdadeiros amigos não como meios para um fim — como o soberano trata seus cônjuges —, mas como fins em si mesmos. Um político, por outro lado, deve estar tão pronto a sacrificar uma amizade quanto um amigo deve estar a sacrificar o poder. Em defesa de Maquiavel, poderíamos dizer que não há amizades verdadeiras na política. Na arte de governar, ele sustentou, deveríamos nos aliar a um ou outro combatente porque, seja qual for o resultado, passaríamos a ser credores de alguém. Um futuro governante da Itália — Benito Mussolini — ouviu esse conselho e pagou por ele com sua vida. Teria sido mais prudente seguir os passos do ditador da Espanha, Francisco Franco, que ofereceu a Hitler somente sua simpatia e em consequência permaneceu no cargo por trinta e seis anos, até morrer aos oitenta e três anos de idade. Em geral, Maquiavel insistia que um soberano deveria liderar e defender seus vizinhos mais fracos, e esforçar-se por debilitar os mais fortes. E quando os fracos se desentendem entre si, é melhor ajudar um a esmagar o outro que correr o risco de vê-los juntos contra nós no futuro. Maquiavel talvez não tenha sido muito cínico aqui, pois às vezes a intervenção leva exatamente a essa contingência.

Em 1992, os Estados Unidos iniciaram a Operação Restauração da Esperança para levar ajuda à Somália destroçada pela guerra. O plano frustrou-se rapidamente quando os somális se deram conta de que preferiam lutar contra os americanos do que uns com os outros. Quando o enviado dos EUA, almirante Howe ofereceu uma recompensa de 25.000 dólares pelo general Mahamed Aidid, o comandante anunciou horas depois que pagaria um milhão de dólares pela captura do "Animal" Howe. Bill Clinton reagiu ao número crescente de mortos em combate num estilo maquiavélico de manual. Como seu ex-assistente George Stephanopoulos contou em *All Too Human* [Tudo muito humano], o presidente declarou: "Não estamos castigando esses filhos da puta. Quando pessoas nos matam, devem ser mortas em maior quantidade." O resultado foi um fiasco vexaminoso para os Estados Unidos, para Clinton e todos os seguidores de Maquiavel. Nas palavras do porta-voz da ONU, o major Dave Stockwell: "Viemos, lhes demos comida e levamos um pontapé no traseiro."

O consolo é que os Estados Unidos teriam enfrentado críticas mesmo que tivessem deixado os somális entregues à própria sorte desde o início. A volúvel opinião pública ocidental queixa-se de "imperialismo" quando os Estados Unidos intervêm e de "insensibilidade" quando não o fazem. Maquiavel, que não esperava menos de pessoas que considerava torpes, seria compreensivo:

> Que nenhum Estado pense que pode sempre adotar uma rota segura; mais valeria compreender que todas as escolhas envolvem riscos, pois a ordem das coisas é tal que nunca se escapa de um perigo sem incorrer em outro; a prudência está em ponderar as desvantagens de cada escolha e tomar a menos má como boa.

Isso não quer dizer que não podemos complicar as coisas com nossas ações. A causa americana não foi ajudada quando, por ocasião de um encontro dos dignitários do clã de Mogadishu em 12 de julho de 1993 para discutir passos em direção à paz, a casa foi cercada por helicópteros americanos e destruída por mísseis, resultando na morte de mais de cinquenta pessoas. Contudo, se os Estados Unidos voltassem a se recolher ao isolacionismo, contudo, e deixassem os pobres e os fracos do mundo entregues à própria sorte, ninguém poderia dizer que Maquiavel não os advertiu. Nenhum príncipe com algum juízo joga dinheiro fora.

10. As Galinhas de Bacon

A previsão do futuro

Os cachorros esperam ser levados para passear em horários regulares e resistem a alterações de seu percurso habitual. Os seres humanos não são diferentes e executam seus afazeres diários na expectativa de que o que foi verdadeiro ontem continuará a ser verdadeiro amanhã. O Sol continuará a se levantar de manhã e os objetos cairão no chão em vez de subir até as nuvens. Pensamos que esses eventos são governados pelas leis na natureza e podem ser previstos com segurança, mas por vezes nossas expectativas gerais são contrariadas. Sempre que usamos um número limitado de exemplos tomados do passado para provar uma regra que se aplica a *todos* os exemplos que poderíamos encontrar no futuro, estamos usando um método chamado *indução.* Empregamos a indução quando nossos pensamentos se movem do particular para o geral, ou do que experimentamos para o que não experimentamos. No sentido mais estrito, nada pode ser verdadeiramente provado por indução. Por mais vezes que tenhamos observado algo acontecer em determinada circunstância, não podemos ter absoluta certeza de que o mesmo acontecerá sempre que tal circunstância se repetir. Como Bertrand Russell observou: "O homem que deu comida para a galinha todos os dias da vida dela um belo dia torce-lhe o pescoço, mostrando que noções mais refinadas no tocante à uniformidade da natureza teriam sido úteis à galinha." Não há dúvida de que o fato de alguma coisa já ter acontecido muitas vezes leva homens e galinhas a esperar que ela volte a acontecer. Segundo Russell, nossos instintos nos levam a acreditar que o Sol nascerá de novo amanhã, mas quem garante que não estamos na mesma posição que a malfadada ave? As leis na natureza parecem estar operando tão vigorosamente como sempre e até agora não deram nenhum sinal de hesitação, mas afirmar que a natureza será uniforme no futuro porque sempre o foi no passado é incorrer em petição de princípio. A natureza só será uniforme no futuro, é claro, se o for. Dado o grau em que nossa vida cotidiana depende de suposições indutivas, pareceria estranho chamá-las irracionais, mas para muitos filósofos é precisamente isso que são.

O primeiro filósofo moderno a fazer uma análise relevante da indução foi sir Francis Bacon, nascido em Londres em 1561. Na qualidade de filho de sir Nicholas Bacon, guardião do Selo Real — uma das maiores autoridades do Estado —, Francis foi criado em meio a privilégios e educado no Trinity College, em Cambridge, a *alma mater* de Bertrand Russell no século XX. A principal carreira de Bacon não se deu no campo da filosofia. Ele se tornou advogado aos dezesseis anos e político aos vinte e três. Em 1584 foi eleito para a Câmara dos Comuns, onde trabalhou por trinta anos. De seu assento parlamentar, cumulou Elisabete I de conselhos sobre como deveria governar o país. Suas opiniões foram completamente ignoradas e, em 1593, Bacon perdeu a pouca influência que tinha quando se opôs a um projeto de subsídio real para financiar futuras guerras com a Espanha.

Bacon entendeu-se muito melhor com Jaime I, que subiu ao trono inglês em 1603 e o fez cavaleiro no mesmo ano. O rei aprovou suas ideias sobre as prerrogativas reais e recompensou-o com a procuradoria geral em 1613. Em 1618 ele foi nomeado presidente da Câmara dos Pares e elevado a barão de Verulam, tendo se tornado visconde de Saint Albans três anos depois. Bacon conduziu sua carreira com o mesmo *ethos* que levou para a filosofia. A natureza, acreditava, revelaria seus segredos suavemente, sob estreita observação, não por ação da força bruta. Em assuntos de Estado, ele foi um maquinador que trabalhava no intuito de agradar aos que ocupavam altos postos. Chegou até nós um caderno em que ele frequentemente rabiscava lembretes para lisonjear protetores potenciais e estudar as fraquezas de rivais. Para a sensibilidade de nossos dias, o pior ato de Bacon foi ter participado de um interrogatório sob tortura de um clérigo acusado de traição. Era, no entanto, leal a seu rei, generoso com os amigos e bondoso com seus criados. Sua abordagem indireta do poder propiciou-lhe uma carreira ilustre, mas sua queda, quando veio, foi vertiginosa. Mal envergara seu manto de visconde, foi acusado de aceitar subornos perante aquele mesmo tribunal de recursos que antes encabeçara. Bacon confessou sua culpa, mas declarou que aqueles presentes não haviam influenciado seu julgamento. Nisso estava provavelmente dizendo a verdade, já que os dois querelantes se queixaram de ter perdido suas ações, embora ele tivesse aceitado seus subornos. Após um curto período na Torre de Londres em 1621, Bacon foi banido do Parlamento e da corte. Embora seu crime fosse comum entre seus colegas juízes, Bacon observou, com magnanimidade, que a punição era adequada e justa. Sua vida pública terminara, mas isso não o impediu de passar o resto de seus dias escrevendo obras de filosofia.

Bacon almejava restituir ao homem um domínio sobre a natureza de que não gozava desde o Jardim do Éden. O caminho para isso, pensava, não era a especulação abstrata dos filósofos (que chamou "infrutíferas"), mas a cuidadosa observação da natureza e de seus procedimentos. Afirmou que o problema das crenças de seus predecessores sobre a natureza era serem repletas de pressupostos dogmáticos ou resultar de generalizações precipitadas a partir de um mero punhado de casos. Propôs que verdades gerais deviam ser determinadas por uma ascensão gradual de graus menores para graus maiores de universalidade. Portanto, como a existência de um corvo preto não prova serem todos os corvos dessa cor, deveríamos começar verificando se todos os corvos, digamos, da Torre de Londres são pretos, depois os de Londres, depois os do mundo. Em algum momento, ele esperava, chegaríamos a crenças sobre o mundo que se aplicariam a todos os casos e estariam acima de qualquer dúvida sensata. Bacon começou a adotar esse procedimento compilando tabelas de suas observações e usando um processo de eliminação para determinar as propriedades que estavam sempre presentes numa dada situação e as que eram meramente incidentais. Foi usando esse método que inferiu, corretamente, que o calor era causado pela vibração de pequenas partículas.

A vantagem do método de Bacon é enraizar-se no mundo que podemos ver e tocar e não se deixar arrastar por voos fantasiosos sobre a origem das coisas. Mas há um problema concomitante. Enfrentaríamos uma tarefa enfadonha se tomássemos Bacon ao pé da letra e começássemos com generalizações básicas antes de passarmos para teorias mais amplas. Há no mundo tantos dados para tantas teorias que não saberíamos onde começar, ou onde terminar. É provável, também, que morrêssemos de velhice antes de conseguir levar a cabo observações suficientes para descobrir uma só lei da natureza. Por si só, a observação não orientada é insuficiente, a ciência precisa também de hipóteses — palpites racionais para guiar nossa pesquisa —, e elas brotam da imaginação do cientista e não apenas do mundo à sua volta. Foi só no século XIX, com a pesquisa de Darwin nas ilhas Galápagos, que o método meticuloso e laborioso de Bacon foi empregado pela ciência com inequívoco sucesso.

Apesar de todas as deficiências da indução como método de pesquisa científica, ainda nos apoiamos nela quando esperamos que o açúcar adoce nosso café em vez de torná-lo amargo. Nossa crença nessa regularidade é tão entranhada que, se uma manhã nosso café tivesse um gosto esquisito, suporíamos que usamos sal por engano, em vez de pensar que o açúcar perdera seu poder adocicante da noite para o dia. Não nos agrada pensar que suposições desse tipo são precipitadas, pois as explicações para as regularidades no mundo não nos parecem completos mistérios. Quando um tijolo é atirado a uma vidraça, ela se quebra porque vidros são frágeis e tijolos são duros. A ação de quebrar não acompanha o arremesso do tijolo de maneira inexplicável. Quando observamos o episódio, um evento parece levar ao outro de maneira "fácil" e natural. Se o tijolo se transformasse em um ramo de flores ao atingir a janela, não concluiríamos de imediato que a causa dessa transformação fora o arremesso. Pensaríamos, isto sim, que estávamos diante de uma pilha de tijolos falsos, que continham flores ocultas, ou suporíamos que estávamos alucinando e deveríamos ir ao médico. Como o cético David Hume formulou outra vez: "Comparo um milagre com outro e sempre rejeito o maior." Só nos convenceríamos de que o arremesso de um tijolo produz flores se pudéssemos observar atentamente cada passo desse processo para ver como ele acontece, sem deixarmos nenhuma brecha escondida em que a "mágica" pudesse ocorrer. Uma única observação bastaria para nos satisfazer se pudéssemos ver em câmara lenta o revestimento do tijolo falso abrir-se para revelar as flores em seu interior. Podemos fazer uso da indução para compreender o mundo, mas também extraímos nossas expectativas de um entendimento sólido de coisas como tijolos e flores.

Por vezes o senso comum nos aconselha a rejeitar conclusões que a indução nos levaria a acreditar prováveis. Se a probabilidade de recorrência de um fenômeno aumenta cada vez que ele ocorre, quanto mais vivemos maior o número de manhãs em que acordamos, e portanto a probabilidade de acordarmos uma outra manhã aumentaria a cada dia que vivêssemos. Por essa lógica, é justamente no dia que morro que tenho menos probabilidade de morrer. Podemos rejeitar essa conclusão facilmente com base em nosso entendimento mais amplo da vida e da morte. No entanto, esse entendimento mais amplo é apoiado o tempo todo por uma confiança na indução e na uniformidade da natureza. Devo observar não apenas a regularidade de meu próprio despertar a cada manhã, mas também a regularidade com que indivíduos de certa idade morrem durante o sono. Assim, uma indução é contrariada por uma indução diferente. Se reconstituirmos as origens da compreensão até um ponto suficientemente remoto, chegaremos a conclusões que repousam em uma fé cega na uniformidade da natureza.

Seríamos loucos de pedra se duvidássemos dessa uniformidade. Ao que tudo indica, ter hábitos é parte do que significa ser racional. Há certos princípios segundo os quais devemos viver mas que não podemos justificar pelo uso da lógica. Por exemplo, acreditamos que saltar de edifícios altos é fatal porque demonstrou sê-lo para todos os que tentaram. E eu, embora não possa provar que será igualmente letal no futuro, seria considerado maluco se testasse isso jogando-me de um arranha-céu. Se não é rigorosamente lógico esperar que o futuro se assemelhe ao passado, certamente não é mais lógico esperar que não o faça. A galinha de Bertrand Russell que tem o pescoço torcido em uma bela manhã não é uma criatura mais estúpida por esperar ganhar comida aquele dia. Russell não foi o único a subestimar as galinhas. Após realizar um experimento pioneiro em refrigeração recheando uma galinha com neve, sir Francis Bacon pegou um resfriado e morreu em 1626.

11. O Demônio de Descartes

Os limites da dúvida

Michel de Montaigne, o ensaísta francês do século XVI, observou: "É ter em alta conta nossas próprias suposições zombar dos outros pela importância que lhes atribuem." Já faz algum tempo que as pessoas no mundo ocidental deixaram de confiar em suas crenças o bastante para tomar tais medidas. A ideia de que nunca podemos estar absolutamente certos de coisa alguma é o pressuposto que sustenta a tolerância. Embora essa dúvida nos permita conviver socialmente, ela pode, contudo, ser pessoalmente danosa. Todos nós tivemos a experiência de descobrir que uma crença solidamente sustentada é, de fato, falsa, e de nos perguntarmos então como poderíamos confiar de novo em nosso julgamento. Se isso acontece com frequência suficiente, e com relação a nossas crenças mais importantes, a dúvida desenfreada que sobrevém pode ser um problema sério. Uma traição por um amante, por exemplo, pode nos levar a desconfiar também de futuros parceiros. Para continuar a viver com a dúvida, em geral rebaixamos a importância da certeza em nossa visão de mundo. Contentamo-nos em sustentar nossas crenças apenas provisoriamente, ou pelo menos em afirmar que o fazemos quando contestados. Em vez de se contentar com essa acomodação, alguns filósofos passaram a refletir vigorosamente sobre o poder da própria dúvida.

A tentativa mais famosa foi a de René Descartes, que nasceu em 1596 em La Haye, na França, uma cidadezinha entre Tours e Poitiers que teve mais tarde o nome trocado pelo seu. Aos oito anos, Descartes foi mandado para o colégio jesuíta de La Flèche em Anjou, onde estudou a filosofia de Aristóteles, dominante na época, juntamente com os clássicos e a matemática. Era uma criança tão fraca e pálida que não se esperava que vivesse muito. Um dos mestres, padre Charlet, com pena do menino por causa de sua fragilidade, permitia-lhe passar todas as manhãs na cama — hábito que Descartes apreciaria pelo resto da vida. Longe de lhe valer a fama de preguiçoso, sua indolência era vista como sinal de uma propensão precoce para a meditação. O próprio Descartes não fez nenhum esforço para desfazer essa ideia e afirmou que essas manhãs passadas na cama eram a fonte de suas ideias filosóficas mais importantes. Em 1619, decidiu ingressar no exército bávaro pelas oportunidades que assim teria de ver o mundo. Viajou muito pela Europa como parte de seu serviço militar, e, apesar da eclosão da Guerra dos Trinta Anos em 1618, ele parece não ter participado de nenhuma batalha. Isso não o impediu, porém, de condenar a vida militar como ociosa, estúpida, imoral e cruel.

Em 1628, Descartes foi para a Holanda, onde suas ideias mais polêmicas sobre filosofia e o mundo natural seriam toleradas (ou pelo menos ignoradas). Em contraposição, o Parlamento de Paris aprovara, em 1624, um decreto que tornava críticas a Aristóteles passíveis de pena de morte. Descartes iniciou um trabalho no campo da física, mas, ao saber que Galileu fora posto em prisão domiciliar em 1633 por ajudar a corroborar o modelo heliocêntrico do sistema solar de Copérnico, não se arriscou a publicá-lo, temendo, muito compreensivelmente, um destino parecido. Mas a autopreservação não era seu único interesse. Durante toda a sua vida desejou ganhar o respeito não só de seus pares na filosofia e nas ciências como da Igreja católica. Homem de convicção religiosa, esperava que sua obra promovesse a fé, mas a Igreja nunca se convenceria de sua devoção. Numa visão retrospectiva, as autoridades estavam certas em seu ceticismo. Descartes foi parte do novo movimento de investigação que levou ao Iluminismo e forçou a religião a recuar. Sua obra tanto em filosofia quanto em ciência estimulou os agnósticos, ao passo que suas tentativas de edificar uma base racional para a fé conseguiram apenas demonstrar as dificuldades inerentes a semelhante projeto. Descartes era tão entusiástico com relação a seus projetos de ter uma longa vida quanto com relação à sua obra. Em 1639, gabou-se de não adoecer havia dezenove anos e de esperar viver até os cem. Dez anos depois aceitou um fatídico convite para se mudar para Estocolmo. A honra lhe foi dada pela rainha Cristina da Suécia, então com dezenove anos, que pensava que a instrução proporcionada por um dos maiores pensadores do mundo poderia distraí-la em suas horas vagas. Ela acalentava também a esperança de transformá-lo em um aristocrata sueco, com uma propriedade em terras alemãs conquistadas. Descartes imediatamente se arrependeu de sua decisão. Era um homem chegado a uma lareira crepitante e desenvolvera suas ideias mais originais ao devanear em um quarto aquecido por uma estufa. Ali, esperava-se que ele, em vez de ficar preguiçando na cama, enfrentasse o frio às cinco horas da manhã — a única hora em que Cristina conseguiu encaixar suas lições em sua assoberbada agenda. Tendo se queixado de que o inverno sueco congelava as mentes dos homens como congelava a água, em uma manhã de 1650 contraiu um resfriado e morreu de pneumonia.

O legado de Descartes foi o início da filosofia moderna. Com seus desvarios da juventude em mente, ele desejava elevar nosso conhecimento comum sobre o mundo a uma posição tão segura quanto a das verdades eternas da geometria e da matemática. Em geral reagimos a nossos erros iniciais mudando nossas opiniões, mas Descartes propôs-se a transformar o próprio método pelo qual formava suas ideias. Se as chamadas "certezas" filosóficas podem de fato ser postas em dúvida, ele decidiu duvidar de todas até encontrar uma que fosse indubitável. Esperava que, ao discernir o que tornava tal ideia inquestionável, o mesmo método de corroboração pudesse ser usado para reconstruir todo o edifício de seu conhecimento. Descartes escreveu que seu método imitava o de um arquiteto. Quando um arquiteto quer construir uma casa num terreno arenoso, começa por cavar um conjunto de valas das quais remove a areia, de modo a poder assentar suas fundações em solo firme. Da mesma maneira, Descartes começa sua filosofia tomando tudo que é duvidoso e rejeitando-o como areia. No lugar da picareta ele emprega o método da dúvida para limpar o terreno para o conhecimento.

A demolição começa com os míseros sentidos humanos dos quais a maior parte de nossas crenças deriva. Nossa vista e audição por vezes nos falham e, como Descartes assinala, "É prudente nunca confiar inteiramente nas coisas que nos enganaram uma vez." No entanto, esses erros em geral são cometidos quando algo está distante demais e é muito pequeno para ser corretamente visto. Havia outras coisas das quais, embora derivassem dos mesmos sentidos, Descartes simplesmente não era capaz de duvidar: por exemplo, de que estava sentado ao pé do fogo usando um manto de inverno. Não podia lançar dúvida sobre esses fatos a menos que fosse um louco, e recusava-se a tomar os loucos por modelo. Havia ainda a possibilidade de que não estivesse em absoluto sentado junto ao fogo, mas sim adormecido e sonhando em sua cama. Sem o benefício da visão retrospectiva, parece não haver nenhum meio conclusivo que nos permita determinar se ele estava acordado ou dormindo. Muitos de nós já tivemos sonhos intensamente vívidos de cuja realidade estávamos convencidos até que acordamos. A resposta de Descartes para esse problema é admitir que está de fato sonhando, pois há coisas sobre as quais ele não pode se enganar mesmo dormindo. Nem nossas visões mais fantásticas são inteiramente novas. Os unicórnios, que só existem na imaginação, não deixam por isso de ser produto de coisas reais — isto é, chifres e cavalos. Sem dúvida chifres e cavalos poderiam também ser imaginários, mas ainda assim teriam de ser compostos de cores reais. De mais a mais, dois mais três são cinco, quer estejamos acordados ou dormindo. Descartes argumenta, porém, que um Deus onipotente poderia ter feito com que não houvesse terra nem céu, nem forma, tamanho, cor ou lugar, mas que, não obstante, essas coisas parecessem existir. Aliás, Deus poderia também ter levado Descartes a cometer um erro cada vez que somava dois mais três. Presumivelmente Deus tem mais o que fazer, mas o filósofo imagina haver um demônio malévolo, supremamente poderoso e astuto, que dedica todas as suas energias a enganar pobres filósofos pondo imagens falsas diante deles e confundindo-lhes os cálculos. Esse estratagema fornece a Descartes uma dúvida completamente "hiperbólica" — a ideia de que todas as crenças que alimenta poderiam de fato ser falsas e todas as suas percepções ilusórias.

A saída fácil seria duvidar da existência desse demônio, mas Descartes opta por encará-lo. Mesmo que admita estar nas garras do demônio, ainda há algo a cujo respeito não pode ser enganado: o fato de que ele, Descartes, existe. Em uma das frases mais famosas tanto da filosofia quanto do latim, declarou, "*Cogito ergo sum*": "Penso, logo existo." Não lhe é possível duvidar da própria existência, pois para duvidar é preciso existir.

Lamentavelmente, Descartes não foi capaz de reconstruir o conhecimento a partir desse fundamento. O *cogito* era verdadeiro, ele sustentou, porque era uma crença "clara e distinta", mas suas tentativas de definir o que torna uma ideia clara e distinta tiveram resultados bastante vagos. Ao que parece, Descartes tinha em mente aquelas crenças tão claramente corretas que devem ter sido postas diante de nós por Deus, e Ele não desejaria nos enganar. Por exemplo, podemos ter certeza de que a matéria sempre tem dimensões e de que os triângulos sempre têm três lados. Não podemos pensar a matéria sem imaginá-la dotada de dimensões. Tampouco podemos conceber um triângulo sem imaginar que tem três lados. Mas se Deus deve endossar essas "crenças claras e distintas", precisamos primeiro ter certeza de que Ele existe. Descartes argumentou que, assim como a ideia de triângulo significa a posse de três lados, a própria ideia de Deus assegura sua existência. Essa é uma variante do famigerado "argumento ontológico" — cujo fundamento é: se imaginamos Deus não existindo não estamos imaginando Deus, mas algo inferior a Ele. Para um ser supostamente perfeito, a não existência é realmente uma imperfeição. É uma matéria de apreensão clara e distinta que se imaginamos verdadeiramente um ser onipotente, onisciente e imortal, temos também de imaginar que ele existe. Os argumentos ontológicos fracassam por várias razões, e uma é que não são aplicáveis exclusivamente a Deus. Se imaginássemos um ser humano perfeito, por exemplo, a existência teria presumivelmente de estar incluída entre seus atributos, mas isso não significa que esse sujeito perfeito anda pela Terra em algum lugar. Mesmo sem esse problema, a argumentação de Descartes é circular, pois a veracidade de nossas percepções claras e distintas repousa sobre algo, que chamamos de Deus, que só ganha crédito ela própria por ser uma percepção clara e distinta.

É mais proveitoso inspecionar as bases sobre as quais somos capazes de duvidar. O *cogito* de Descartes estava na trilha certa, pois toda dúvida deve se basear em algo que não é em si mesmo objeto de dúvida. Por exemplo, se suspeito que o "Picasso" que me venderam é uma falsificação, é porque acredito que ele seja diferente das obras *autênticas* expostas nas coleções de arte. Da mesma maneira, posso duvidar do valor que aparece na minha conta no restaurante porque acredito ou ter pedido o item mais barato do cardápio ou que os garçons são capazes de cometer erros. Precisamos de fundamentos para a dúvida, e não podemos duvidar desses fundamentos ao mesmo tempo em que os usamos para duvidar de outras coisas. Em outras palavras, se duvidamos das dúvidas, é que não duvidamos de maneira alguma. Onde quer que haja ceticismo, deve haver ao mesmo tempo algo a cujo respeito não somos céticos. A dúvida sensata só pode ser parcial, sempre, e isso impõe limites severos à capacidade que tem o demônio de nos enganar. Podemos estar errados sobre certas coisas, mas não podemos estar errados sobre *tudo* — isso nos privaria não só dos meios de corrigir nossos erros, mas de qualquer base a partir da qual pudéssemos dizer que um erro foi cometido depois que o demônio tiver revelado a "verdade". Esse demônio enfeitiçou os sentidos de Descartes mais do que ele supunha. Mas em vez de induzi-lo a superestimar o que ele pensava conhecer, levou-o a subestimar suas próprias capacidades como sujeito cognoscente.

Para nos enganar, o demônio tem de estar de posse de uma realidade que reconheceríamos e admitiríamos quando o véu da percepção fosse retirado. Mas isso exige um corpo de conhecimento que podemos considerar fixo, para fazer a distinção depois que o virmos. O mundo do demônio imaginado por Descartes é tal que nele não há Picassos autênticos e nem garçons nem clientes jamais fazem suas contas corretamente. Mesmo em um cenário como esse, existem coisas como falsificações reais e contas corretas — o único problema é que não as identificamos quando as vemos. Que elas existem, contudo, é algo de que não podemos duvidar, pois de outro modo não haveria nenhuma resposta correta contrariada por nossos juízos. Ao nos negar a possibilidade de alguma vez estarmos corretos, porém, o demônio e sua realidade passam a ser irrelevantes.

O mundo verdadeiro supostamente ocultado de nós pelo demônio está para a "realidade" como a "realidade" está para nossos sonhos. A vítima do demônio encontra-se em uma posição semelhante à das pessoas que afirmam ter por vezes "acordado" em um sonho e percebido seu impasse. Se tenho um sonho em que me dou conta de que estou sonhando, essa percepção também é parte do sonho. Assim, como posso saber se *realmente* me dei conta de que estava sonhando ou se meramente *sonhei* que o fiz? Digamos que esse pensamento também me ocorra dentro de meu sonho; isso não fará nenhuma diferença, pois é tão parte do sonho como tudo o mais. Minha percepção não pode ser *verdadeira*, pois, quando estou sonhando, tudo que penso, digo e faço ocorre no contexto do sonho. Meus pensamentos oníricos não podem penetrar no mundo real para serem verdadeiros ou falsos. Essa incapacidade seria partilhada pelos pensamentos que temos quando acordados se eles fossem todos resultado do engano do demônio. Nossos pensamentos seriam incapazes de efetivamente se referirem ao mundo real e oculto da verdade, conhecido unicamente por nosso enganador. Não poderiam estar *errados* acerca desse mundo porque não estão, e nunca podem estar, *relacionados* a ele.

Essa discussão da possibilidade do conhecimento pode parecer hermética e muito distante da vida comum, mas tem consequências muito reais para nossas dúvidas e preocupações cotidianas. Um mundo em que todos os nossos amantes poderiam estar nos traindo, por exemplo, e em que jamais somos capazes de descobri-lo, não é o mundo em que vivemos. Quando nossas dúvidas superam nossa capacidade de acreditar na evidência de nossos sentidos, desprezamos essas mesmas desconfianças e zombamos delas. Poderíamos, é claro, ser extremamente azarados e nos envolver com uma série de parceiros adúlteros. No entanto, o fato de podermos descobrir e reconhecer a traição significa que não deveríamos descrer da fidelidade. Cada nova dúvida (nesse caso, cada nova infidelidade que aceitamos como verdade e não como boato) torna-se por sua vez fundamento para crença. Se confiamos em nosso poder de dedução quando ele revela o logro, deveríamos confiar igualmente nele quando não o faz.

12. O Garfo de Hume

Como espetar disparates

Decifrar o caráter das pessoas é um passatempo favorito de todos os que se têm na conta de inteligentes. Segundo o mito popular você pode descobrir o "verdadeiro caráter" de alguém pelo modo como se veste, como cumprimenta, como ri ou como reage numa crise. Por mais inócuo que seja um maneirismo — um jeito de acender um cigarro, a maneira de dobrar um lenço —, haverá sempre quem professe ver nisso o modo de vida de outra pessoa. A confiança com que essas regras são afirmadas é geralmente inadequada, e a ideia de que conhecê-las bem constitui a sabedoria da idade é bastante risível. Os que pretensamente conhecem as pessoas dessa maneira meramente aceitam um conjunto de mitos. As perspectivas de uma ciência do caráter humano não são sombrias apenas porque — como observou o filósofo Alasdair MacIntyre — nosso desejo de tornar os outros previsíveis é compensado por nosso desejo de nos tornarmos imprevisíveis para o outro. Segundo MacIntyre (1929-), há uma razão mais profunda para que todo indivíduo permaneça um enigma para os outros, e trata-se de uma razão que atinge muito mais que o comportamento humano — o fato de que *nada prova coisa alguma exceto a si mesmo*. O modo como alguém reage em uma crise revela apenas o modo como reage em uma crise; o modo como dobra um lenço mostra apenas o modo como dobra um lenço, e mais nada.

Essa percepção foi a base da obra do filósofo escocês David Hume. Ele acreditava na capacidade que tinha a ciência de compreender o mundo, mas não se isso significasse que ela descobriria toda e qualquer conexão logicamente necessária entre as coisas. Podemos falar de uma maçã que caiu de uma árvore e atingiu a cabeça de alguém que dormia embaixo, mas não podemos mostrar que o primeiro evento *tinha* de levar ao outro. A necessidade, afirmou Hume, era exclusiva do mundo da matemática e da geometria. Em se tratando dos objetos de nossos sentidos, tudo é contingente e seria insensato sugerir outra coisa. Podemos investigar e registrar novos fenômenos, mas é da natureza desses fenômenos serem independentes. Isto é, nada pode ser inferido deles que não diga respeito à natureza deles próprios. Eles não podem "apontar" para verdades fora de si mesmos para nos poupar o trabalho de mais experimento e investigação. Segundo Hume, não há atalhos na busca do conhecimento.

Hume nasceu em Edimburgo, em 1711. Perdeu o pai, dono de uma propriedade muito modesta na aldeia escocesa de Chirnside, aos três anos de idade. Com o irmão e a irmã, foi criado com muito cuidado pela mãe Catherine, que tratou de lhes assegurar uma boa formação. David foi para Universidade de Edimburgo aos doze anos e ali estudou por três anos. Sua carreira começou com investidas frustradas no campo do comércio e da advocacia. Ele dizia que a advocacia o fazia se sentir "repugnante". Se o direito perdeu, a filosofia ganhou, embora esta não o tenha reconhecido de imediato. Em 1734, Hume estava convencido de que o melhor a fazer com sua vida seria devotá-la à filosofia. Então autoexilou-se na França, onde passou três anos construindo um sistema filosófico completo, o *Tratado da natureza humana*. A obra era deliberadamente provocativa e seu autor estava ansioso para rebater as críticas que, esperava ele, se seguiriam à publicação. O *Tratado*, no entanto, "caiu natimorto das prensas", para usar suas palavras, e não despertou nenhum interesse, muito menos controvérsia. Hume passaria grande parte do resto de sua vida expressando as mesmas argumentações numa roupagem mais atraente, com muito mais sucesso.

A mãe de Hume descreveu certa vez o jovem David como uma alma de boa índole, mas não muito bom da cabeça. Referia-se à sua constituição mental, não à sua inteligência, já que os esforços intelectuais precoces do rapaz o haviam levado a um colapso nervoso aos dezoito anos. Catherine estava certa quanto à natureza amável do filho, pois ele parece não ter tido nenhum inimigo em sua vida pessoal, exceto o paranoico e impudente

Jean-Jacques Rousseau (1712-1778). As coisas foram bem diferentes em sua vida profissional, atormentada por acusações de heresia e ateísmo. Uma história fala de uma velha que topou com Hume atolado até a cintura em um profundo lamaçal. Ela só se dispôs a puxar o filósofo para fora se ele antes rezasse o Credo e o Pai-Nosso.

Muitos clérigos, mesmo discordando das ideias de Hume, tornavam-se seus amigos porque lhes parecia impossível não apreciá-lo. Foi em virtude de suas opiniões religiosas, porém, que a cátedra de filosofia moral na Universidade de Edimburgo lhe foi negada em 1744. Ele deixou a cidade na esteira dessa decepção para assumir o posto promissor de preceptor de um aristocrata inglês. Infelizmente o marquês de Annandale, "o Louco", era não só impenetrável a todo tipo de ensinamento como completamente maluco e o filósofo se livrou do emprego um ano depois. Em 1746, assumiu um cargo mais compensador como secretário do general James St. Clair, com quem assistiu a manobras militares na Bretanha e viajou em missão para Viena e Turim. Esse encargo valeu-lhe o esplêndido uniforme escarlate que ele enverga em seu mais famoso retrato e o cargo posterior de secretário do embaixador britânico em Paris durante três anos. A Paris literária foi pródiga em louvores ao filósofo. Ali ele travou amizade com Rousseau e, ao deixar Paris, levou-o consigo para a Inglaterra, para pô-lo fora do alcance de seus "inimigos". A insanidade de Rousseau prevaleceu sobre a sua gratidão e ele repudiou seu salvador, acusando Hume de tramar sua morte. Havia assassinos mais prováveis que o sereno Hume, que permanecia leal mesmo quando traído. Talvez Rousseau fosse pouco convencional até em sua loucura e tivesse passado a julgar mais, em vez de menos, pelas aparências. James Caulfield, conde de Charlemont, escreveu sobre Hume:

> Seu rosto era largo e gordo, a boca ampla, e sem qualquer expressão senão a da imbecilidade. Seus olhos eram vazios e inexpressivos e a corpulência de toda a sua pessoa era muito mais apta a comunicar a ideia de um burgomestre glutão que a de um filósofo refinado. Sua fala, em inglês, era ridícula por força do mais carregado sotaque escocês, e seu francês era, se possível, ainda mais cômico; de modo que a sabedoria, com toda certeza, nunca se disfarçou em tão desgraciosa roupagem.

Hume acabou voltando para Edimburgo. Não havia outra cidade na Europa, segundo ele, em que pudesse, em poucos minutos, encontrar cinquenta homens de gênio e saber. Em 1776, uma doença gástrica que o afligira por muitos anos entrou em fase final e ele observou: "Estou morrendo tão depressa quanto meus inimigos, se é que tenho algum, poderiam querer e tão fácil e alegremente quando meus amigos poderiam desejar."

Hume reservava sua famosa tolerância para os assuntos pessoais. Em filosofia, era menos condescendente. Tinha pouco tempo para especulação abstrata sobre matérias que considerava incognoscíveis. Em sua opinião, havia apenas dois assuntos passíveis de investigação: relações entre ideias e relações entre fatos. As primeiras diziam respeito à geometria e à aritmética. Que 2 vezes 6 sejam 12 expressa uma relação entre esses números que pode ser descoberta por puro pensamento, sem recurso à nossa experiência do mundo. Da mesma maneira, podemos provar que os ângulos internos de um triângulo euclidiano somam 180 graus sem conferir nossos números com um triângulo desenhado em um quadro-negro. Podemos considerar um resultado matemático certo porque negá-lo seria contradizer-se. Uma verdade desse tipo pode ser demonstrada sem que deixemos nossa poltrona. O modo como procedemos para provar matérias factuais, por outro lado, é muito diferente. É possível afirmar o contrário de qualquer matéria de fato contingente sem cair em contradição. A possibilidade de que o Sol não se levante amanhã é sob todos os aspectos tão concebível quanto a de que se levante da maneira habitual. Para decidir a questão é necessário sair ao mundo e consultar nossa experiência. Para assuntos que não podem ser decididos nem por raciocínio matemático nem por observação empírica, Hume sugere um veredito simples. Conhecido como o "garfo de Hume", ele estabelece:

> Quando reviramos bibliotecas, convencidos desses princípios, que devastação devemos fazer? Se tomamos nas mãos qualquer volume, de teologia ou metafísica escolástica, por exemplo, perguntemos: Contém ele algum raciocínio abstrato referente a quantidade ou número? Não. Contém algum raciocínio experimental referente a matéria de fato e existência? Não. Mais vale pois entregá-lo às chamas: nada pode conter senão sofisma e ilusão.

Hume lançaria uma porção de nossas inferências de senso comum à fogueira; entre elas nossa crença de que há um *eu* no âmago de uma pessoa, de que há leis observáveis da natureza e de que há um mecanismo de causa e efeito no mundo. Essas são coisas a que atribuímos necessidade — pensamos que a percepção exige um sujeito que perceba, que regularidades exigem leis e que consequências exigem causas. Hume afirmaria que injetamos um elemento não autorizado na descrição delas. Temos percepções, mas não as vemos sendo *percebidas*. Observamos regularidades na natureza, mas não observamos *leis da natureza*. Vemos um evento seguir um outro, mas não vemos um evento *causar* um outro, isto é, exigi-lo. Assim, erguemos o braço para chamar táxis, mas não observamos a operação de nossa vontade sobre nosso braço. Podemos ter a intenção de acenar para um táxi que passa, mas essa intenção não faz nosso braço se mover, pois poderíamos mudar de ideia no último instante. Passado esse último instante, não temos intenção nenhuma de erguer o braço — simplesmente o erguemos. No entanto, estamos habituados a tomar uma série de fatos e deles inferir um outro fato. Vemos uma bola branca batendo em uma vermelha que em seguida cai na caçapa e pensamos que o primeiro evento causou o segundo. Por "causou", entendemos que a consequência tinha de se seguir por necessidade. Essa necessidade não é ela mesma, contudo, algo que observamos. Vemos a primeira bola bater na segunda, e depois esta última se mover para a caçapa, mas isso é tudo que vemos — portanto, a necessidade não pode ser um fato comum do tipo que podemos observar diretamente. A necessidade tampouco pode ser uma relação entre ideias, porque é concebível que a bola vermelha tivesse ficado parada onde estava e feito a branca recuar, por exemplo. Poderíamos inferir a consequência se quiséssemos, mas o faríamos apenas com base no que geralmente ocorre em um jogo de sinuca ou bilhar. Nossa crença na necessidade iminente não se baseia em absoluto em razões; é simplesmente um hábito que adquirimos por observar frequentemente um evento seguir outro.

Embora nossas experiências com bolas brancas expliquem nossas expectativas, estritamente falando não as justificam. Hábitos não são o tipo de coisa que possa ser justificado. Eles podem se tornar mais arraigados, mas não se tornam mais bem fundamentados cada vez que as expectativas que geram são realizadas. A experiência, continua Hume, mostra-nos apenas que um evento acompanha outro constantemente. Não nos mostra nenhum vínculo secreto que torne os dois inseparáveis. Se mostrasse de algum modo esse vínculo, o vínculo se tornaria um fato novo — seria tão inerte quanto os dois primeiros eventos e continuaria carecendo de uma outra conexão oculta para vinculá-lo aos outros. Poderíamos, por exemplo, examinar atentamente o que acontece quando a bola branca colide com a vermelha e ver a superfície desta contrair-se e expandir-se de novo, propelindo-a, mas nesse caso teríamos apenas descoberto um novo fenômeno e não necessariamente uma conexão de qualquer tipo. Se pudéssemos assistir ao movimento da bola branca *causando* o da vermelha, isso significaria que seria inconcebível que o segundo evento não se produzisse — e não é esse o caso (como nunca é em se tratando dos eventos do mundo).

É possível atribuir necessidade a verdades matemáticas porque elas não nos dizem nada substancial sobre como são as coisas no mundo. Duas vezes 6, por exemplo, continuam sendo 12, mesmo que os objetos nunca ocorram de fato em dúzias. A matemática pode lidar com a necessidade porque suas respostas são garantidas pelo significado de suas perguntas. Da mesma maneira, celibatários são sempre homens solteiros e esposas são necessariamente casadas. A afirmação "Todos os celibatários são homens solteiros" é necessariamente verdadeira porque é uma tautologia, e alguém que a negasse estaria simplesmente compreendendo mal as palavras da frase. O pensamento de Hume é que as verdades da matemática são tautologias vestidas a rigor. Infelizmente, tautologias são de pouca utilidade na avaliação do caráter de estranhos ou na previsão do resultado de jogos de futebol.

Nada disso significa que nossas fortes expectativas com relação ao curso do mundo não possam vir a se revelar corretas — na verdade, em geral são corretas, ou não as teríamos, para início de conversa. Significa, contudo, que o fundamento de nossas expectativas encontra-se no hábito, não na razão.

13. O Senso Comum de Reid

A filosofia do óbvio

Se há alguma coisa pela qual os filósofos não são famosos é o senso comum. Bertrand Russell observou certa vez que filosofia é uma questão de começar com alguma coisa tão simples que pareça não merecer ser formulada e terminar com uma tão paradoxal que ninguém acreditará nela. Um cínico diria ser pouco provável que a formulação do óbvio fosse motivo para um pensador constar dos livros de história. Alguns filósofos, no entanto, opuseram-se frontalmente a essa tradição e sustentaram que os instintos que consideramos úteis na vida comum são também os melhores para encararmos as grandes questões da existência. Eles merecem seu lugar na história porque suas razões para sustentar o óbvio são tudo menos banais.

O defensor original do raciocínio de senso comum foi o filósofo escocês Thomas Reid, nascido em Kincardine em 1710. A ilustre família de Reid incluía seu irmão Alexander, que foi médico do rei Carlos I, e seu tio-avô James Gregory, o inventor do telescópio refletor. Thomas veio de uma longa linhagem de ministros da Igreja presbiteriana e ingressou na profissão da família após estudar filosofia no Marischal College, em Aberdeen. Como pregador, não eletrizava sua congregação, mas conquistou seu respeito e admiração graças ao seu equilíbrio e decência. O historiador da filosofia escocesa James McCosh escreveu sobre Reid em 1875: "Ele é sob todos os aspectos um escocês da melhor estirpe: astuto, cauteloso, aparentemente calmo, e apesar disso um poço profundo de sentimento por dentro e cheio de entusiasmo; não é espirituoso, mas possui um traço sereno de humor." Esse "poço de sentimento" ficava em evidência cada vez que Reid ministrava o Sacramento em sua igreja, e não raro ele vertia lágrimas quando se referia ao amor de Cristo. Além de seus deveres religiosos, Reid sentiu-se obrigado a defender os instintos filosóficos do homem comum, ou "o vulgo" como ele dizia. Ficava horrorizado ao ler a filosofia cética de seu compatriota David Hume. Segundo Hume, jamais podíamos ter certeza de que um evento causava outro, de que as leis da natureza continuarão da mesma maneira, ou mesmo de que exista algo como um mundo externo independente de nossas impressões sensoriais. Em 1752, Reid assumiu uma cátedra de filosofia no King's College, em Aberdeen, e iniciou o projeto de restaurar as crenças no senso comum que Hume demolira.

Em Aberdeen, e mais tarde na Universidade de Glasgow, o talento nada óbvio de Reid para ensinar deu origem à escola filosófica do senso comum. Um de seus alunos escreveu:

> Sua elocução e modo de instrução ali nada tinham de peculiarmente atraentes. Raramente, ou nunca, entregava-se ao calor do discurso extemporâneo; nem era sua maneira de ler calculada para aumentar o efeito do que pusera por escrito. Tais eram, contudo, a simplicidade e a nitidez de seu estilo, tal a gravidade e autoridade de seu caráter, e tal o interesse geral de seus jovens ouvintes nas doutrinas que ensinava, que, pelas numerosas audiências a que suas instruções eram dirigidas, era ouvido, uniformemente, com muda e respeitosa atenção.

Reid costumava pedir a seus alunos que recorressem aos seus instintos ao discutir a verdade. As crenças de senso comum, afirmava, são aquelas de que não podemos abrir mão em virtude de nossa natureza como seres humanos (ou, nos termos de hoje, aquelas que somos neurologicamente constituídos para aceitar). Embora as pessoas possam contradizer suas intuições, ele admitia, não o podem fazer sem sofrer uma perturbação psicológica. Isso pode ser em grande parte uma verdade, mas não significa que crenças que provocam conflitos mentais não sejam corretas. Alguns indivíduos considerados loucos em seu tempo (e que por vezes eram realmente loucos — como o filósofo Friedrich Nietzsche) foram mais tarde reconhecidos como grandes gênios. O próprio Hume sofreu um colapso nervoso quando estava formulando seus argumentos em favor do ceticismo. Em defesa da ideia de Reid, contudo, parece intuitivamente plausível que crenças que levam a colapsos nervosos tenham menos probabilidade de ser verdadeiras que as que não abalam nossa saúde. A raça humana não teria sobrevivido se nossos instintos fossem irremediavelmente idiotas. No geral, eles nos conduzem a agir sensatamente: saltar de precipícios, em buracos de cobra ou sobre fogueiras são todos atos fortemente desencorajados pelo senso comum. Uma tendência ao ceticismo filosófico, por outro lado, não teria sido de muita valia para nossos ancestrais se, em vez de fugir à vista de um leão faminto, parassem para questionar a existência objetiva do animal.

Reid teria visto no nosso comportamento em face de leões um bom exemplo de senso comum inerente, o qual, ele acreditava, podia-se muitas vezes descobrir olhando para o que é constante em todas as pessoas. Infelizmente, noções consideradas de senso comum em um lugar podem não merecer essa distinção em outro. Essas crenças são muitas vezes determinadas menos pela natureza humana que pelos costumes e ideias particulares de uma cultura específica em um determinado momento. Para os membros da tribo dos Fang, na Guiné equatorial pré-moderna, nada mais senso comum que a ideia de incorporar o espírito e a força dos inimigos comendo-os no jantar.

O que constitui senso comum pode mudar ao longo do tempo. Manuais de ética para estudantes de filosofia no início do século XX costumavam abrir com um capítulo sobre a ideia de "senso comum" segundo a qual os valores morais eram fatos objetivos. Os volumes contemporâneos ainda abordam em primeiro lugar a noção de senso comum, só que agora, segundo essa noção, a ética é uma questão de opinião subjetiva. A única maneira de descobrir se uma crença é realmente parte da natureza humana é verificar se ela pareceu óbvia para todos os povos em todas as eras. E, mesmo nesse caso, nada impede que as pessoas venham a pensar de outra maneira no futuro. Em um momento ou em outro, o senso comum nos assegurou que os insetos se desenvolvem a partir de partículas de poeira, que o corpo humano não suportaria viajar nas velocidades alcançáveis pelas máquinas a vapor e que o mundo era um disco chato situado no centro do universo. Reid supunha, ademais, que duas crenças ditadas pelo senso comum nunca poderiam entrar em conflito entre si, mas nem sempre as coisas são tão simples. Os que fazem campanha por impostos menores com base na economia de "bom senso" são, por vezes, as mesmas pessoas que defendem a causa de mais verbas para o transporte público porque ele também contribui para a criação de riqueza. Tendo sido a causa do dilema dessas pessoas, o senso comum por si só não lhes pode sugerir nenhum meio de resolvê-lo.

Enquanto isso, a humanidade deu grandes passos ao abraçar ideias que contrariam nossos instintos naturais, como a teoria quântica ou as noções de que a Terra é redonda e não chata e orbita o Sol, e não o contrário. Embora pareça bastante eficiente quando se trata de autopreservação, o senso comum não é tão confiável na esfera de matérias factuais mais complicadas. Por exemplo, o físico Erwin Schrödinger (1887-1961) imaginou uma caixa em que há um gato e um mecanismo para liberar gás de cianeto controlado pelo decaimento radioativo de um átomo. Segundo a teoria quântica, se o átomo decai e libera o veneno ou não é algo inteiramente aleatório e imprevisível. O fato é indeterminado até que abramos efetivamente a caixa e inspecionemos o mecanismo. Isso significa, no entanto, que até que o façamos o infeliz felino não estará nem vivo nem morto, mas em algum estado vivo-morto indeterminado. A mente humana tem dificuldade em aceitar isso atualmente, mas para nossos descendentes talvez venha a não parecer mais perturbador do que o fato de a Terra ser esférica.

Reid sustentava ainda que o que vemos como meros instintos não são necessariamente inferiores aos ditames da razão. Explicou sua posição da seguinte maneira:

> Pergunta-me o cético: Por que acreditas na existência do objeto natural que percebes? Essa crença, senhor, está longe de ser da minha lavra; ela vem da forja da Natureza; traz-lhe a imagem e a inscrição; e, se não for correta, o erro não é meu: acolhi-a mesmo sem verificação prévia e sem desconfiança. A razão, retruca o cético, é o único juiz da verdade, e deverias rejeitar toda opinião e toda crença que não seja fundada na razão. Ora, senhor, deveria eu crer na faculdade da razão mais do que na da percepção? — ambas provêm da mesma oficina, são obra do mesmo artista; e se ele põe um artigo falso em minhas mãos, que o impediria de pôr outro?

Foi com essa disposição que Reid atacou a doutrina lockiana das ideias em que o ceticismo de Hume em parte se fundava. John Locke (1632-1704) e seus sucessores na tradição empirista sustentavam que nunca percebemos objetos diretamente no mundo externo, percebemos somente as ideias ou impressões que temos deles. Assim, a percepção é, de fato, a apreensão de objetos mentais. Como tudo que diz respeito à cognição se passa na esfera mental, de duas, uma: ou jamais podemos descobrir se nossas ideias correspondem a objetos físicos; ou, se podemos, é porque os próprios objetos devem ser ideias também — como afirmou o idealista George Berkeley (1685-1753). Reid compreendeu que isso meramente substituía um problema por outro de igual tamanho. Locke partira da questão de como nossos estados mentais conectam-se com objetos no mundo, mas sua solução só fez criar um novo problema: o de como nossos estados mentais conectam-se com objetos na mente. Agora que temos a história da filosofia à nossa disposição, podemos ver que a maneira como este segundo problema foi proposto e enfrentado o torna suspeitosamente semelhante ao primeiro. Segundo Reid, no entanto, o segundo problema nos põe numa posição ainda mais incerta. A teoria de Locke só poderia ajudar nossa compreensão se as ideias que ele introduz como os novos objetos da percepção fossem menos obscuras que as antigas — isto é, os objetos físicos comuns.

Não precisamos ler as obras muitas vezes árduas de Locke para intuir que não é esse o caso. É mais simples, e certamente mais fiel ao senso comum, admitir que temos percepções de objetos físicos, por menos confiáveis que sejam, e não percepções de ideias que, por sua vez, podem ou não estar relacionadas a esses objetos. Como diria Guilherme de Occam, introduzir objetos mentais na equação seria multiplicar entidades além do necessário. E a introdução de objetos mentais não situa tampouco nosso conhecimento em um terreno mais firme, pois Locke criou o jogo de soma zero que leva ao ceticismo: quanto mais certos estamos com relação aos objetos do conhecimento, menos certos podemos estar quanto ao significado desse conhecimento. Em outras palavras, embora possamos estar certos de que percebemos ideias, continuamos sem nenhuma garantia de que essas ideias têm qualquer correspondência que seja com o mundo. E se essa teoria não tem um fundamento melhor que a alternativa ditada pelo senso comum, no que dependia de Reid nossa decisão entre instinto e ceticismo era fácil.

A força da argumentação de Reid reside menos na defesa dos direitos das ideias correntes que em atribuir o ônus da prova aos que os desejariam refutar. Como disse um velho filósofo: "Toda conclusão é a refutação de suas premissas." Quanto mais absurdas são nossas conclusões, mais dúvidas isso lança sobre as bases das quais as derivamos — mesmo que essas bases parecessem sensatas e incontroversas antes que começássemos a raciocinar a partir delas. Se nossas crenças de senso comum são aquelas de que nos sentimos mais seguros, será duplamente difícil alterá-las porque elas são mais convincentes que as bases de qualquer argumento que nos leve a questioná-las. Não precisamos, portanto, justificar nossa crença no mundo externo — para Reid, o que requer forte justificação é a noção, aparentemente estapafúrdia, de que a realidade poderia ser uma ilusão. Essa ideia foi retomada pelo filósofo inglês G.E. Moore no início do século XX. Em uma tirada famosa, Moore observou que uma inferência cética de que ele não tinha mãos jamais seria tão convincente quanto a evidência de suas duas mãos erguidas diante de seu rosto.

No mínimo, as advertências de Reid nos lembram que, se desejamos nos afastar do senso comum em nossas crenças, conviria que nos assegurássemos de que estamos ganhando alguma coisa que valha a pena com essa deslealdade aos nossos instintos. Quatro séculos antes, Guilherme de Occam nos aconselhou a só complicar as questões se com isso pudéssemos explicar as coisas melhor do que as mantendo simples. Assim também, Reid propõe que só deveríamos rejeitar o senso comum se essa alternativa for claramente mais imperativa do que aquilo em que nossos primeiros instintos nos levam a acreditar. As crenças de senso comum devem ser sempre levadas a sério, ainda que apenas porque, de outro modo, não iremos muito longe na tentativa de demover delas quem quer que seja. Se existe uma teoria, talvez antiga, que parece explicar nossas experiências adequadamente, estamos cobertos de razão ao suspeitar de afirmativas contrárias a ela. Se vemos nossas crenças serem subvertidas de modo demasiado rápido e fácil, podemos começar a ficar desconfiados. Isso porque, enquanto as provas para uma ideia que contraria nossa intuição estão sendo reunidas, surge uma questão completamente diferente: se a nova teoria é tão sucinta, tão bem embasada e tão claramente correta, por que cargas d'água fomos obtusos a ponto de sustentar nossas antigas crenças, e até de considerá-las de senso comum? Poderíamos dizer que quanto mais fortes são os argumentos em prol de uma nova teoria, mais forte precisa ser a explicação para o fato de termos algum dia pensado o contrário.

Tomemos por exemplo a nova ortodoxia segundo a qual álcool faz bem à saúde. A organização de serviços de saúde Bandolier coleta resultados de experimentos médicos conduzidos no mundo todo e os combina para chegar à maior base de teste possível. Apoiando-se em sua pesquisa, publicou em janeiro de 2000, em um sumário de dez tópicos, conselhos sobre a vida saudável. Este era o número cinco da sua lista:

> Beba álcool regularmente. O tipo de álcool provavelmente não importa muito, mas o equivalente a duas taças de vinho por dia ou umas duas cervejas é uma boa coisa. Um dia ou outro sem álcool também não fará mal. Pense nele como um remédio.

Por anos fomos ensinados a ver o álcool como veneno. Essa ideia intuitiva era confirmada cada vez que um alcoólatra desenvolvia uma cirrose, para não falar de cada vez que tínhamos uma ressaca. Uma só dose de vodca, diziam-nos os médicos, podia destruir milhares de células cerebrais. Aqueles que agora estimulam a bebida em quantidades moderadas não procuram negar isso, porém, teriam sido ridicularizados pela medicina se negassem os efeitos deletérios de bebedeiras homéricas. O que afirmam é, isto sim, que o álcool faz bem à saúde, ainda que a base para nossa ideia de senso comum de que a bebida é um flagelo esteja correta. Se eles não concordassem conosco a respeito dos efeitos nocivos do consumo excessivo, não veríamos razão alguma para acreditar na sua ideia dos benefícios trazidos pela ingestão de quantidades menores. Tomar duas garrafas de vodca ainda pode nos matar; o único problema é que é mais provável alguém tomar uma superdose de paracetamol que uma de arsênico. Recebemos também uma explicação plausível de por que os efeitos positivos da bebida passavam despercebidos anteriormente: é porque eles só são reconhecíveis a partir de um estudo de tamanho considerável apoiado por pesquisa bioquímica — um meio não disponível para o indivíduo que está usando apenas seu senso comum.

Foi necessário, para fins de argumentação, que os pesquisadores mostrassem que a velha ideia que se tinha da bebida era sensata em face dos melhores dados disponíveis. Uma explicação desse tipo não acrescenta nada, de fato, à validade de uma argumentação contra uma ideia de senso comum, o que acrescenta, sim, é plausibilidade — e essa era a própria qualidade em cujo julgamento, segundo Thomas Reid, nossos instintos eram insuperáveis. Talvez no futuro descubramos que muitas crenças que consideramos incontestáveis são de fato errôneas, mas se alguém propuser que o vício em heroína é psicologicamente benéfico, ou que um casamento estável é um ambiente inadequado para a criação de crianças, o ônus da prova deve caber a esses revolucionários, não aos tradicionalistas.

14. O Contrato de Rousseau
O aprendizado a partir da ficção e da fantasia

O mundo à nossa volta nem sempre coopera com a filosofia na tarefa de tornar mais fácil pensar claramente. Quando procuramos as bases de valores e instituições, por vezes não encontramos coisa alguma. Nossas criações podem na realidade ser arbitrárias e, até certa medida, irracionais. Em um tribunal inglês, homens e mulheres, usando perucas e togas, invocam os poderes do "direito" e da "nação" para privar malfeitores de sua liberdade. Apesar de todo o falatório sobre as leis e textos sagrados, o que está realmente acontecendo é um grupo de indivíduos lançando um julgamento contra um sujeito e depois exercendo a força física do serviço penitenciário para efetuar uma punição — ainda que o acusado mereça esse tratamento. Mas o sistema legal seria solapado se isso fosse explicitado, daí as perucas, as togas e a linguagem da "justiça". "Pelos poderes nele investidos", o coletor de impostos leva embora uma parte dos nossos ganhos e os dá, ao menos na Inglaterra, ao "Governo de Sua Majestade". Como não temos escolha na matéria, há pouca diferença essencial entre um mundo em que somem com nosso dinheiro mediante formulários oficiais com os sinetes do Estado e outro em que um grupo de homens armados com porretes chega à nossa casa e exige pagamento. Seria porém menos eficiente, e certamente pareceria menos civilizado, se os impostos fossem recolhidos dessa maneira. Para continuarmos sãos de espírito e sustentarmos que nossas instituições são satisfatórias, temos de agir *como se* a base fosse muito diferente — como se, talvez, nossos valores e instituições proviessem da vontade de Deus ou dos ditames do Direito Natural.

Sem dúvida há algo a dizer em favor dessa maneira de encarar a verdade. De outro modo a vida seria impraticável. Isso não significa que devamos varrer, envergonhados, os fatos reais da questão para debaixo do tapete. Podemos admitir que nossas ações estão em conformidade com uma pura ficção, sem com isso sugerir que todas as ficções se equivalem. Os físicos trabalham segundo o modelo de que os quarks e elétrons são partículas elementares, mas isso não os impede de tentar descobrir outros constituintes, ainda mais básicos, da matéria. Embora suas teorias de quarks e elétrons sejam provisórias, elas são também o produto de um trabalho longo e difícil e explicam mais sobre o universo do que era possível antes. De fato, o desenvolvimento histórico de nossas ficções mais importantes foi em todos os sentidos tão laborioso quanto a busca da verdade. O filósofo francês Jean-Jacques Rousseau, por exemplo, ajudou a formular a doutrina do "contrato social", que rege os direitos e os deveres de cidadãos e governos. Sob esse sistema, o indivíduo abre mão de certas liberdades — como o direito de levar todo o seu ganho para casa — para obter outros benefícios do Estado, como a proteção de seus bens por uma força policial. O contrato social não pode ser encontrado em nenhum museu ou biblioteca e ninguém pode se lembrar de tê-lo assinado; ainda assim, a própria ideia dele dá suporte ao que esperamos de nosso governo e ao que o governo espera de nós.

Nascido em 1712 em Genebra, Jean-Jacques Rousseau tornou-se um dos mais influentes pensadores do Iluminismo. Sua mãe morreu de parto e ele foi criado pelo pai, um relojoeiro que prezava enormemente o status que adquirira ao se casar na classe alta. Homem cruel e dissoluto, Rousseau pai não proporcionou nenhuma instrução ao filho e, ao que parece, mostrava-lhe pouca afeição. Como escritor, Rousseau lutaria pelo cuidado afetuoso das crianças, mas deu à própria prole um tratamento ainda pior que o que recebeu do pai. Quando Rousseau tinha dez anos, seu pai puxou a espada durante uma briga e foi obrigado a fugir de Genebra sob ameaça de prisão. O menino foi entregue à família da mãe, que o recebeu a contragosto e durante os seis anos seguintes completou sua educação com descaso. Aos dezesseis anos, Rousseau partiu para ganhar a vida trabalhando para famílias abastadas na Itália. Após a morte de uma patroa, foi acusado de roubar de sua casa. Jogou a culpa em uma criada, que foi então devidamente punida pelo crime. Rousseau parece ter sentido pouco remorso por isso e, mais tarde, explicou que sentia tamanha afeição pela moça que, ao ser interrogado, ela fora a primeira pessoa a lhe vir à cabeça. Assim absolvido, fez-se passar por um católico convertido na Saboia e encontrou uma benfeitora em Madame de Warens. Tornou-se seu secretário e amante e, embora afirmasse abominar sua moral, considerou-a uma boa professora das artes de promover o interesse pessoal. Ela era também uma mulher extremamente culta e, durante os oitos anos que passou em sua companhia, Rousseau adquiriu grande parte do conhecimento em filosofia, literatura e música que lhe faltava. Quando Madame de Warens se cansou dele, estava pronto para se destacar entre os jovens radicais de Paris.

Logo após sua chegada em 1741, Rousseau conheceu Thérèse Le Vasseur, uma lavadeira simples e analfabeta. Iniciaram uma longa relação que produziu cinco filhos — todos os quais Rousseau abandonou em um orfanato. Apesar disso, teve o topete de afirmar: "Na verdade, não conheço nenhum pai tão terno quanto eu teria sido." Um amigo do pintor Delacroix viu certa vez Rousseau caminhando nas Tulherias quando uma criança chutou acidentalmente uma bola na perna do filósofo. Irritado, o pretenso defensor dos inocentes perseguiu a criança com sua bengala. Apesar de seus defeitos de caráter, Rousseau alcançou o sucesso musical com suas óperas e o ingresso no mundo das letras depois de fazer amizade com Denis Diderot e os outros *philosophes* da *Encyclopédie* no início da década de 1740. Logo se tornou o mais importante desses iconoclastas, o mais vigoroso na conversação e o mais talentoso na prosa.

As primeiras ideias políticas de Rousseau ganharam forma a partir de uma "iluminação" que teve a caminho de Vincennes para visitar Diderot (1713-1784), preso ali por seus ataques à religião estabelecida. Ocorreu-lhe o pensamento de que o progresso moderno, em vez de exaltar o homem, o corrompera. Não éramos as criaturas decaídas de que falava a doutrina católica, mas exatamente o contrário. No "estado de natureza" que antecedeu a civilização, Rousseau afirmou, éramos "selvagens nobres", felizes e bons. Desde então, a infelicidade passara a prevalecer por via das restrições impostas à nossa liberdade pela sociedade. Longe de aumentar nossa liberdade, as artes e as ciências haviam apenas fortalecido os poderes opressivos do

Estado. Para o filósofo inglês Thomas Hobbes (1588-1679), a vida no estado de natureza fora "solitária, pobre, asquerosa, brutal e curta". Rousseau concordava em que ela fora solitária, mas afirmou que foi quando começamos a viver juntos que toda a dificuldade começou. Os laços de afeição que se desenvolveram quando homens e mulheres passaram a viver juntos prenunciaram também ciúme e ressentimento. A isso se somou a noção "civilizada" de propriedade privada que, ao buscar proteger os pertences dos indivíduos, santificou artificialmente desigualdades materiais entre ricos e pobres. Nem os ricos são felizes, pois seus valores materialistas significam que nunca estarão satisfeitos com o que têm. Assim, trocamos nossos direitos naturais por falsos valores cívicos sob os termos de um contrato social fraudulento.

Em sua obra-prima de 1762, *O contrato social*, Rousseau reivindicou uma reformulação desse acordo. "O homem nasceu livre, mas está acorrentado em toda parte", ele começou. Em uma sociedade melhor, sustentou, os homens não se submeteriam covardemente à lei, mas estariam prontos a abrir mão do direito de agir como bem entendessem em troca de liberdade verdadeira. Essa liberdade verdadeira consiste em agir de acordo com as leis que as pessoas impõem a si mesmas, não segundo aquelas ditadas pelos poderosos. Isso não seria a vontade de um indivíduo, pois a vontade de um homem pode conflitar com a de outro, mas a vontade *geral*, que o povo expressa como uma sociedade. A vontade geral é promover o interesse da maioria, não servir aos de uns poucos, e ocasionalmente ela não coincidirá com a vontade de um indivíduo particular. Contudo, os direitos de que abdicamos em nosso envolvimento não deveriam ser lamentados, porque a liberdade irrestrita leva, na verdade, ao domínio do mais forte — exatamente o que Rousseau queria abolir ao rasgar o contrato social original. Mesmo que fosse ser artificial e não menos fictício que seu predecessor, o contrato social da nova república seria legitimado pelo assentimento de seus "signatários" e por sua contribuição para a felicidade geral. Todo governo que não assegurasse tal liberdade teria rompido o acordo e renunciado a seu direito de governar. Essa ideia foi relevante tanto para a Revolução Francesa quanto para a Revolução Americana. A Declaração de Independência dos Estados Unidos em 1776 assemelha-se a um contrato jurídico firmado entre duas partes

— nesse caso, cidadãos e governantes. Além disso, um indivíduo que se "recusasse" a assinar o contrato, isto é, que violasse a lei, estaria dando vazão deliberadamente a suas paixões, e não agindo racionalmente: só a punição lhe daria consciência do que realmente desejava. A punição sob o contrato é uma maneira de "obrigar as pessoas a serem livres". O contrato social é portanto uma ficção, mas baseia-se na verdade de nossos desejos.

Mas a ficção do contrato social, para Rousseau, não terminava aí, pois ele acreditava que a vontade geral era falível. De seu ponto de vista, a maioria das pessoas é tola e precisa de um líder sábio para promover seus verdadeiros interesses. É aí que reside o problema, pois temos agora uma reversão no pensamento de Rousseau pela qual, se não podemos nos entregar totalmente à natureza, devemos nos entregar inteiramente ao Estado. Ele ainda disse que, para fins de eficiência e para tirar partido da obediência dos cidadãos à sua "verdadeira" natureza, poderia até ser mais conveniente que o líder reivindicasse sanção divina. Como nem é preciso dizer, sistemas desse tipo têm uma história sinistra, mas Rousseau estava tentando encontrar um meio realista de melhorar o quinhão humano, e não pregar uma utopia. Pelo menos ao que pensava, estava tratando de ficções úteis, não de fantasias. Nos dias de hoje, é claro, algo semelhante à sanção divina é reivindicado por nossos governantes ainda que a maioria de nós não seja tola. Os políticos gostam de dizer que são os servidores do povo, cuja vontade têm o mandato de executar através dos instrumentos da democracia. Às vezes eles persistem nesse logro mesmo quando a opinião pública está claramente contra eles, mas, chegado o momento das eleições, o eleitorado tem a oportunidade de julgar se seus líderes quebraram ou não seu contrato.

Depois que ataques de paranoia levaram Rousseau a desconfiar de todo mundo menos de Thérèse, os dois se casaram em 1768. Ele declarou nunca tê-la amado, mas, como as muitas contradições de sua vida e de seu pensamento, isso não pode ser levado muito a sério. Rousseau era um hipócrita, mas se hipocrisia impedisse alguém de ensinar, nada jamais teria sido ensinado. Embora suas ideias éticas igualitárias — pelas quais o indivíduo deveria "alienar a si mesmo, com todos os seus direitos, ao conjunto da comunidade" — tenham ajudado a levar aos horrores totalitários do nazismo e do stalinismo, o estatuto quase legal do contrato social deu forma também às constituições de democracias futuras. Os perigos inerentes às ideias de Rousseau foram compreendidos quando começamos a tomar sua ficção literalmente. Se o contrato social tivesse permanecido um meio imaginário e conveniente para um fim (o de assegurar a liberdade), muito sofrimento poderia ter sido evitado. Um número demasiado grande de revolucionários, no entanto, concebeu o contrato social como um fim em si mesmo — acreditando, talvez, que as pessoas realmente desejavam submeter-se por completo à autoridade. O contrato social era uma ideia tão poderosa que eles não puderam resistir a ele. A resposta não é simplesmente manter-se mais atento à realidade, mas também tratar nossas ficções com o respeito que merecem *como ficções* — e valorizar o que elas podem fazer por nós sem lhes pedir o que nunca prometeram.

15. Os Óculos de Kant

O homem no centro do universo

Entusiastas do som de alta fidelidade conseguem detectar diferenças na nitidez de gravações musicais que um não aficionado jamais perceberia. Eles dedicam tempo e dinheiro à aquisição de amplificadores e sistemas de alto-falantes que reproduzem um som tão fiel quanto possível à execução original. Mesmo os mais avançados sistemas de som, porém, são imperfeitos. Em algum ponto no processo entre a gravação e a reprodução, insinuam-se impurezas que mantêm a geração seguinte de firmas do setor eletrônico em atividade. No entanto, talvez chegue um dia em que a tecnologia de áudio estará tão sofisticada que as únicas limitações que um entusiasta terá de suportar serão não as de seu sistema estéreo, mas as do próprio ouvido humano. Nessa altura, filósofos terão alguma coisa a dizer sobre aparelhos de som. Seja o que for que o ouvido acrescente ou subtraia de uma gravação cristalina, não se trata de uma diferença de qualidade, mas de tipo. Ouvimos sons como o fazemos por causa da estrutura particular de nossos ouvidos. Uma criatura com um tipo diferente de ouvido — um morcego, por exemplo — talvez ouça as coisas de maneira bem diferente, pois seu sistema auditivo funciona numa amplitude de frequência diferente do nosso. Canais auditivos com estruturas diferentes afetam o modo como as coisas soam para os que os possuem — exatamente como diferentes tipos de câmeras produzem diferentes tipos de fotografias. Quando descrevemos uma melodia que ouvimos, estamos descrevendo não só o próprio som, mas também algo sobre o modo de funcionamento do ouvido humano. Não podemos evitar isso, assim como não temos nenhuma maneira de ouvir além da que nos é própria.

Como o mesmo se aplica a todos os nossos sentidos, nossa maneira de compreender o mundo está em parte amarrada às faculdades que usamos para chegar a essa compreensão.

Nossas percepções não são puramente passivas — não nos sentamos simplesmente e as sorvemos. Sempre que experimentamos um sabor ou ouvimos um som, estamos também *fazendo* ativamente alguma coisa. O que ocorre é que nossos cérebros estão tão habituados a ordenar e processar o mundo que não notamos que o fazem. Perceber o mundo é transformá-lo. Essa foi a intuição central do filósofo alemão Immanuel Kant. Em uma expressão famosa, John Locke, filósofo inglês do século XVII, declarou que a mente humana nascia como uma *tabula rasa* — uma lousa em branco sobre a qual o mundo deixa suas marcas à medida que aprendemos e ficamos mais velhos. Esse pensamento levou à filosofia cética do garfo de Hume, segundo a qual nosso conhecimento inato é banal e autorreferencial, ao passo que o conhecimento significativo só pode ser descoberto mediante experiência e observação. A busca do conhecimento substancial que poderia ser alcançado através do puro pensamento ainda não terminou. Kant foi o primeiro filósofo a suspeitar que poderia haver algum conhecimento inato residual que escapara até ao olhar de Hume.

Kant nasceu em Königsberg na Prússia Oriental, em 1724. Seu pai era um seleiro que, segundo o filósofo, provinha de uma família escocesa imigrante, enquanto a mãe era uma alemã sem instrução mas extremamente inteligente. A fé da família era o severo pietismo luterano, que prescrevia a vida simples sob a observância da lei moral. Em 1740 Kant foi estudar teologia na Universidade de Königsberg e aos vinte anos iniciou seu primeiro livro, uma obra sobre física. Seis anos depois, não conseguindo obter um cargo acadêmico, foi obrigado a trabalhar como preceptor para famílias afluentes. Esse período durou quinze anos, mas não foi infeliz, tendo introduzido Kant na sociedade e lhe dado oportunidade de fazer viagens (segundo seus próprios padrões) exóticas. Sua excursão mais longa foi à vila de Arnsdorf, a 95km de Königsberg — o lugar mais distante de sua cidade natal que ele chegou a ir. Foram as vastas leituras, não as viagens, que alargaram a mente de Kant. Embora fragilizado por um peito deformado e tivesse só 1,52m de altura, provocava sensação na sala de conferências. Orador naturalmente cativante, enriquecia suas palestras com anedotas e referências literárias, discorrendo sobre qualquer assunto, da física newtoniana a acidentes geográficos e fogos de artifício, para deleite do público. Foi-lhe oferecida a cátedra de poesia na Universidade de Berlim, mas ele recusou o cargo em favor da vida pacata de sua cidade natal, que passara a preferir. O ritmo e a tranquilidade de sua vida já eram interrompidos pelos bandos de jovens filósofos e autoridades do governo que acorriam a Königsberg para absorver sua sabedoria. Mesmo assim, Kant conseguia conservar seu regime diário de caminhadas salutares, que eram tão pontuais que as pessoas podiam acertar seus relógios quando surgia nas ruas. A rua de sua predileção teve seu nome trocado para "O Caminho do Filósofo" em sua homenagem. Na única vez que deixou de sair para sua caminhada, sua ausência foi notada, e ele explicou que a leitura do *Émile* de Rousseau lhe parecera tão absorvente que tivera de ficar em casa para terminar o livro.

Em 1755 Kant retornou à Universidade de Königsberg para completar seu curso. Começou a lecionar filosofia ali no ano seguinte, estimulado ao trabalho criativo pela leitura da filosofia de David Hume, que, nas suas palavras, o despertou de seu "sono dogmático". Em 1781, Kant emergiu com uma nova filosofia que chamou "crítica transcendental". Como aconteceu com tantos filósofos, crenças religiosas controversas o puseram em apuros. Após a publicação, em 1793, de *A religião nos limites da razão pura* — obra que questionava a doutrina cristã tradicional —, o rei Frederico Guilherme II ordenou-lhe que cessasse de escrever e ensinar sobre matérias religiosas. Kant obedeceu a essas ordens ao pé da letra, pelo menos até a morte do rei. Mas a essa altura já estava idoso, doente, e não demorou a se aposentar para reeditar suas obras. Morreu em 1804. Em seu túmulo estão inscritas as palavras: "O céu estrelado acima de mim e a lei moral dentro de mim" — as duas coisas que, como ele escreveu, "enchem a mente de admiração e assombro sempre novos e crescentes, quanto mais e mais constantemente refletimos sobre elas".

Kant desejou descobrir um novo caminho entre as duas linhas da filosofia do século XVIII. Os racionalistas haviam sustentado que a razão pode compreender o mundo sem o auxílio dos sentidos, enquanto os empiristas afirmavam que todo conhecimento deve ancorar-se firmemente na experiência. Ambos tinham suas fraquezas — o conhecimento obtido através da razão pura pode ser indubitavelmente verdadeiro, mas diz pouco sobre como é o mundo. Já o conhecimento empírico, se pode dizer muito sobre o mundo, em troca sacrifica a certeza. Os esforços de Kant promoveram nada menos que uma revolução na filosofia. Onde os filósofos haviam falado previamente dos objetos ou das percepções que deles tínhamos, Kant compreendeu que o meio pelo qual essas duas coisas se encontram é especialmente importante. Segundo ele, a Metafísica — a tentativa de filosofar a natureza da realidade — procedera da maneira inteiramente errada, e fora isso que a deixara vulnerável ao ataque de Hume. Este afirmara que o conhecimento do mundo sensível jamais seria alcançado por outro meio que não os sentidos. Desde Platão, a alternativa sugerida por filósofos era que o pensamento podia apreender partes da realidade que os sentidos jamais seriam capazes de atingir — como almas, a natureza de Deus e o universo como o todo.

Kant rejeitou esse tipo de pensamento como "místico" e introduziu em seu lugar uma nova metafísica. Continua sendo um fato que percebemos os objetos através dos sentidos, afirmou, mas estaríamos errados ao pensar que nossos olhos e ouvidos os transferem como verdadeiramente são. Tudo que percebemos, e portanto compreendemos, é processado pelos sentidos ao chegar a nós. A mediação dos sentidos impõe às nossas experiências um caráter que não é, ele próprio, parte dos objetos que estamos percebendo. Todo objeto que percebemos nos é dado em certo ponto do espaço e do tempo, mas é através da experiência que aprendemos realmente sobre o espaço e o tempo, porque nunca percebemos objetos que não estejam neles situados. Com objetos corriqueiros, como maçãs, poderíamos chegar ao conceito geral de "maçã" após ver maçãs de várias qualidades. O conceito de espaço, por outro lado, não é algo que possamos abstrair de ocorrências no mundo, porque tudo de que o espaço poderia ser abstraído já o pressupõe. A menos que já tenhamos compreendido o espaço, e pensemos em termos de espaço, não somos capazes de falar de alguma coisa como estando "em certo lugar", "sobre" ou "sob" alguma outra coisa. Mesmo que possamos imaginar um espaço que nada contenha, somos incapazes de imaginar alguma coisa no espaço sem também imaginá-lo. Essas "formas" de nossa experiência devem estar incorporadas a nossa intuição e ser conhecidas por nós antes que abramos os olhos pela primeira vez. É como se usássemos óculos coloridos de espaço-e-tempo que nunca pudéssemos tirar.

Kant afirmou que há várias maneiras — doze para ser preciso — pelas quais a mente organiza a experiência. A mais importante é a pressuposição de causa e efeito, segundo a qual tudo que acontece é resultado de um evento anterior que lhe determina o caráter. Na visão de Kant, é a tentativa de aplicar essas formas gerais a objetos além de nossa experiência que conduz à inanidade da metafísica tradicional. Um exemplo é a "prova" enganosa da existência de Deus que o identifica como o primeiro motor — a causa que não tem ela própria uma causa mas à qual todos os eventos podem ser em última instância atribuídos. A existência de um motor primeiro jamais pode ser provada, mas é igualmente inútil tentar refutá-la. Mais vale deixar de lado toda especulação desse gênero e abrir mão da esperança de conhecer verdades transcendentais. Enquanto segundo Platão possuíamos um conhecimento inato dos objetos (mesmo que seja muito difícil trazê-los de volta do fundo de nossas mentes), para Kant conhecemos de maneira inata a forma geral que a realidade assumirá. Os empiristas afirmavam que todo conhecimento inato era forçosamente trivial ou tautológico; porém o tipo de conhecimento que Kant nos atribui não é uma coisa nem outra, porque os seres humanos poderiam ter sido dotados de diferentes maneiras de processar suas experiências. A natureza de nossos olhos e ouvidos é tão contingente quanto o mundo que eles estão habituados a perceber.

Uma consequência adicional da visão de Kant é que a verdadeira natureza dos objetos permanece incognoscível. Nosso conhecimento pode aludir a coisas-em-si, ou "númenos", como Kant as chamou, mas não é possível discernir o caráter inato de coisa alguma. Quando contemplamos um jardim, por exemplo, não o vemos como realmente é — recebemos uma impressão que nossos olhos filtraram e tornaram adequada a nosso deleite. Uma abelha poderia ver um panorama muito diferente — já que seus olhos podem detectar luz ultravioleta —, mas também ignoraria o jardim como ele é em-si. A mediação de nossas faculdades significa que nunca apreendemos os objetos como eles realmente são, antes de serem percebidos, mas apenas uma versão humanizada deles. A posse de faculdades de processamento torna o conhecimento possível, mas todas as faculdades vêm com esse limite preso a elas. O conhecimento humano não tem nenhum Jardim do Éden onde verdades puras possam ser conhecidas. Isso não significa, porém, que nossa capacidade de compreender o mundo tenha caído em desgraça, significa apenas que todo conhecimento é influenciado por mediação. Qualquer outro sistema de percepção sofreria limitações semelhantes.

Uma reação a esses argumentos é abandonar qualquer noção de um entendimento que transponha vieses e preconceitos para ver o mundo "como ele realmente é". Mas Kant não foi tão longe. Sustentou que há diferentes graus de pureza em nosso entendimento do mundo. Afirmou, por exemplo, que a apreensão apropriada da beleza estética é a que se limita à apreciação da pura forma de um objeto — isto é, aquela que não é maculada por nenhum interesse que não o puramente estético. Isso leva à estranha conclusão de que um homem não está pensando primeiramente na beleza de uma mulher quando a considera sexualmente atraente. Ao mesmo tempo, um ato moralmente virtuoso é aquele praticado por puro e frio senso do dever, e não pela opinião de que é muito gentil ajudar velhinhas a atravessar a rua. A preferência de Kant por motivos "puros" não tem, contudo, fundamentos morais. O que ele faz é, em vez disso, determinar o que constitui comportamento moral por referência ao que há de mais puro nas faculdades dos seres humanos: a racionalidade. Em nossas relações uns com os outros, isso significa obediência a deveres universais não maculados por preferências pessoais. No entanto, se aplicarmos a navalha de Occam e fizermos a afirmação mínima, deveremos dizer que um método é mais puramente racional que o outro, não mais moral.

Kant estabelece padrões extremamente elevados quando acusa a percepção humana de inerentemente distorcida. Seria errado esperar poder observar o mundo como realmente é, e não corrompido por categorias humanas; mas nesse caso seria melhor não pensá-lo como sendo "corrompido" por nós. Essa não é a linguagem que Kant usa, mas é o que sua análise implica. Ele incorre muitas vezes na tentação de conceber as coisas-em-si não simplesmente como coisas-em-si, mas como joias brilhantes e extremamente desejáveis de verdade pura. Em consequência, há em sua obra uma tensão entre a pureza que jamais poderemos alcançar e a incessante tentativa de alcançá-la. Kant talvez estivesse traindo seus primeiros princípios ao se entregar a uma explicação detalhada da mediação entre nossos sentidos e o mundo. Pode-se perguntar se nossas faculdades mediadoras não seriam, também elas, coisas em-si, que deveriam permanecer para sempre inalcançáveis. A favor de Kant, o fato de que nosso conhecimento será sempre influenciado pelo tipo de criaturas que somos não é nenhuma desculpa para tomarmos as coisas como nos chegam e aceitá-las pelo valor que garantem ter. Por exemplo, quando a maioria de nós ouve um novo cantor *pop* e o julga bom ou mau, nosso veredito é influenciado pelo contexto em que o ouvimos, a imagem da banda e sua produção anterior, além da qualidade da própria canção. Adquirimos uma ideia mais clara ouvindo a música em diferentes ambientes — já que algumas se adaptam melhor a casas noturnas que a salas de estar, por exemplo — e desconsiderando os cortes de cabelo, as roupas e as opiniões dos instrumentistas. Nunca podemos chegar a uma visão perfeitamente objetiva — porque a música tem de ser ouvida em *algum* contexto —, mas variar o ambiente pode ser instrutivo. Além disso, no caso de *punk* e *heavy metal*, a roupagem da música pode ser tão importante quanto as próprias canções. Ouvir bandas assim com ouvido apenas para a harmonia destrói o objeto de certo modo. Em se tratando dessas questões de gosto, a ideia essencial de Kant é tão pertinente como sempre: o conhecimento puro é meramente o puro conhecimento *humano*, e o estudo de nossas faculdades é uma investigação da natureza das coisas no mínimo tão válida quanto um estudo direto do próprio mundo.

16. O Cálculo de Bentham

A matemática como guia para a moral

Uma pesquisa de opinião realizada em 3 de outubro de 1995 pela CNN e o jornal *USA Today* constatou que 56% dos americanos acreditavam que O.J. Simpson assassinara sua mulher Nicole e o amigo dela Ronald Goldman. No entanto, como é sabido, o júri declarou-o "inocente". Culpado ou não, é possível que uma condenação de Simpson tivesse levado a tumultos de rua em sinal de protesto. Como isso poderia ter acarretado várias mortes, a absolvição do atleta talvez tenha sido a melhor solução, sob a ressalva de ele não "reincidir". Imaginemos um desdobramento diferente dos eventos, em que, no último momento, teriam sido apresentadas ao júri provas incontestáveis da culpa de Simpson. Entretanto, quando estivesse prestes a decidir o veredito, o júri seria informado de que um grupo de fanáticos armados — e isso não significa o Departamento de Polícia de Los Angeles — estava pronto para promover distúrbios violentos na cidade se Simpson fosse declarado culpado. Os membros do júri têm o dever de pronunciar o veredito que acreditam ser a verdade, mas não teriam também o dever de evitar a morte de inocentes se isso estivesse em seu poder? Para resolver esse dilema moral temos de decidir se "a coisa correta a fazer" é correta sejam quais forem suas consequências. Em outras palavras, depende de ser a moral um fim em si mesma ou meramente um meio para tornar o mundo um lugar melhor. Os moralistas utilitaristas, de maneira geral, acreditam nesta segunda alternativa. Para um utilitarista, o dilema do júri é de simples solução. Trata-se simplesmente de uma questão de fazer as contas, e, com base em contas, é claramente melhor optar pela absolvição não acompanhada por vítimas que condenar Simpson e enfrentar um saldo de assassinatos.

O primeiro utilitarista foi Jeremy Bentham, nascido em 1748 em Londres em uma família de advogados. Ele estudou na Universidade de Oxford antes de se inscrever no foro como advogado. Seu pai sonhava com o filho na presidência da Câmara dos Pares, mas Bentham de fato nunca exerceu a advocacia, queixando-se de que o "Demônio da chicana" campeava no sistema jurídico. A praticar, preferiu concentrar-se na teoria e, em última análise, no espírito do direito em vez de no direito tal como os advogados conheciam. Sua abordagem consistia em investigar a base moral das leis que nos governam. O fundamento que descobriu foi sua utilidade. Bentham definiu utilidade como "aquela propriedade de qualquer objeto em virtude da qual ele tende a produzir prazer, bem ou felicidade, ou a evitar a ocorrência de dano, dor, mal ou infelicidade". Seu grito de guerra, adotado sob várias formas por utilitaristas futuros, foi "a maior felicidade para o maior número".

Por esse critério, Bentham encontrou muitas instituições deficientes. A Igreja estabelecida, os abusos da Constituição britânica e um sistema penal ineficaz foram todos alvos de suas polêmicas. A frustração com este último levou-o a conceber seu famoso "panóptico" durante uma estada na Rússia em 1785. Tratava-se de um novo tipo de prisão, de forma circular, em que os guardas, postados no centro, podiam vigiar os prisioneiros ao mesmo tempo em que permaneciam invisíveis para eles. Lamentavelmente, Bentham não conseguiu vender a ideia para Catarina, a Grande, cujos sucessores preferiram usar minas de sal em vez de panópticos, mas isso não o dissuadiu de despender mais vinte anos e uma grande soma de dinheiro na tentativa de promover a ideia, em vão. O início do século XIX forneceu um ambiente mais propício para Bentham e suas ideias. A derrota de Napoleão em 1815 deixou a Europa necessitada de um consultor jurídico para aconselhar sobre a formulação de novas constituições. Juristas russos, alemães e espanhóis beneficiaram-se todos do sábio conselho de Bentham nesse período. Sua influência mais ampla sobre a legislação, ao mesmo tempo, estendeu-se até a América do Sul e aos Estados Unidos, onde foi ouvido pelos presidentes Adams e Madison. Quando morreu, em 1832, seus restos foram mumificados, vestidos com suas roupas e, de acordo com seus desejos, postos em exposição em uma caixa de vidro no University College London, podendo ser vistos lá até hoje.

O ideal utilitarista conquistou a imaginação de estadistas, mas o método preciso de Bentham para alcançá-lo era tão excêntrico quanto seu panóptico. Tanto a legislação dos governos quanto as ações dos indivíduos deveriam estar sujeitas ao "cálculo hedônico". A felicidade ou infelicidade que produziam para um indivíduo era quantificada e depois multiplicada pelo número de pessoas que gozavam ou sofriam essas consequências. Se os efeitos agregados fossem bons, e não maus, e não fosse possível obter resultados melhores por meios diferentes, a lei ou ação era correta e justa. O cálculo hedônico era um método para solucionar todos os dilemas morais mediante simples adição e subtração.

O sistema moral de Bentham não tinha outro deus senão a utilidade. A retidão moral era uma questão de promover um certo estado de coisas, de maximizar a primazia de certas qualidades, e não de cumprir deveres ou obedecer a divindades. A própria utilidade, contudo, pode ser definida de várias maneiras. Antes que possamos sair para o mundo e maximizá-la, temos de ter clareza com relação ao que ela é. A definição de utilidade de Bentham era hedonística: "felicidade" é igual a prazer. Todos os seres humanos, ele pensava, buscavam o prazer e evitavam o sofrimento sempre que possível. Portanto, o que quer que torne as pessoas mais felizes, ou lhes dê o máximo de prazer, é moralmente correto. Apesar desse código, o próprio Bentham levou uma vida simples de trabalho árduo e respeitabilidade moral. Ao que parece, saciava seus desejos hedonísticos escrevendo até doze horas por dia sobre reforma jurídica. É possível que esse trabalho lançasse Bentham nos espasmos do êxtase, mas isso é pouco provável. O estilo de vida do próprio filósofo sugere que "prazer" é uma definição muito estreita para felicidade. Restou para John Stuart Mill (1806-1873), o filho do discípulo de Bentham James Mill, apresentar uma definição mais plausível. Mill conservou a linguagem da felicidade e do prazer, mas estabeleceu uma distinção entre formas mais e menos elevadas de prazer, as primeiras das quais poderiam incluir até as atividades prediletas do próprio Bentham.

Seja o que for que as pessoas buscam — seja qual for a moeda favorecida pelo cálculo — a ação moral deve procurar tornar o mundo um lugar melhor para maximizar essa moeda. Aparentemente, é difícil imaginar alguma circunstância em que tornar o mundo um lugar pior poderia ser "fazer a coisa certa". O cálculo de Bentham é simplesmente um processo mecanicista para ponderar as consequências boas e más, e ele esperava que seu uso assegurasse que ninguém jamais ficaria perplexo quando confrontado com um dilema moral. Sem dúvida pode ser difícil prever os efeitos futuros de leis e ações, mas nunca se disse que a moralidade é fácil. Quando o projeto moral é tão grandioso quanto "maximizar o maior bem para o maior número", a tarefa é formidável. O filósofo claramente não utilitarista Immanuel Kant afirmou que "devo implica posso", o que é outra maneira de dizer que não há obrigação moral de fazer aquilo de que somos incapazes. De um ponto de vista utilitarista, o melhor estado de coisas — em que todo cidadão é ditosamente feliz — pode ser inalcançável por pobres seres humanos, mas nem por isso deixa de ser o melhor. Talvez estejamos lutando uma batalha perdida ao tentar maximizar a felicidade, caso em que, diria o utilitarista, isso seria simplesmente má sorte. Desde que uma ação produza maior utilidade — ou menos sofrimento — do que qualquer outra coisa que pudéssemos praticar, somos obrigados a praticá-la para que o bem comum seja preservado e melhorado.

Por mais desesperadas que sejam as circunstâncias, o cálculo utilitarista sempre terá algo a dizer sobre o que deveríamos fazer. Por ser o cálculo assim tão versátil, raramente temos uma trégua de situações morais. Não importa o que estejamos fazendo, a probabilidade é de que isso seja moralmente errado, já que sempre haverá um órfão no Terceiro Mundo para quem poderíamos estar enviando alimentos naquele mesmo momento. E se estamos fazendo exatamente isso, haverá fatalmente, em algum outro lugar, uma outra criança morrendo à míngua que poderia se beneficiar ainda mais de nossa ajuda. Mesmo um santo logo sofreria um colapso moral diante de tais exigências. Nesse caso, porém, o cálculo moral sugeriria que agir moralmente o tempo todo talvez não seja uma ideia tão boa, e as somas seriam reajustadas de modo a nos permitir, vez por outra, promover menos que o melhor estado de coisas. O mesmo passe de mágica evita a acusação de que não podemos esperar que as pessoas sejam motivadas por cálculos "frios" e não por sentimentos "calorosos". Quando você dá um presente de aniversário para o seu marido, ele supõe que você o faz porque o ama. Se você retrucar dizendo que "dar-lhe um presente maximiza a utilidade social", ele terá toda razão em perguntar o que você fez da sua *verdadeira* mulher. Para tomar um outro exemplo, se um governo hesita quanto a enviar ou não ajuda para as vítimas de um terremoto, isso provavelmente dará lugar a mais mortes desnecessárias do que se comboios de socorro fossem enviados imediatamente e as dúvidas formuladas depois. Se deixar que sentimentos calorosos ditem nossas ações às vezes parece conduzir a um estado de coisas melhor do que o promovido por um cálculo cauteloso, há ocasiões em que o calculador deveria ser calado. É dessa maneira que o utilitarismo evita a maior parte das críticas de que é alvo. Sempre que se considera que sua abordagem não conduz ao melhor, ele redefine seus objetos para levar isso em conta, e o problema desaparece.

Um problema mais profundo é que as somas requeridas no cálculo utilitarista darão sempre errado, porque bem e mal não podem ser quantificados objetivamente. Quanto sofrimento vale um assalto, por exemplo, em termos de outros sofrimentos? Metade do provocado pela perda de um dedo? Por uma centena de picadas de insetos? E pode uma morte ser realmente comparada com qualquer quantidade de sofrimentos menores? Como comparar os prazeres e sofrimentos de uma pessoa com os de outra? Isso leva a uma queixa adicional: no cálculo utilitarista, nada é sacrossanto. O utilitarismo não admite nenhum absoluto. Nada é proibido, e tudo é potencialmente permitido dependendo de suas circunstâncias. Em *Utilitarianism: For and Against* (1973), o filósofo inglês Bernard Williams (1929-) concebeu um experimento mental para expor essas dificuldades. Imagine que você está viajando por um país que tem um histórico pouco invejável de respeito aos direitos humanos. Você chega a uma aldeia na clareira de uma selva e depara com um pelotão de fuzilamento apontando para dez camponeses aterrorizados. O capitão do pelotão percebe sua chegada e, preocupado em ter um estrangeiro prestes a testemunhar o procedimento, hesita em dar a ordem de atirar. Você lhe pergunta o que está acontecendo. Ele explica que os aldeãos são suspeitos de abrigar um líder dissidente da oposição que ele tem ordens de capturar. Até agora os suspeitos se recusaram a revelar o paradeiro do dissidente, mas ele imagina que o fuzilamento de dez deles talvez faça os outros mudarem de ideia. O capitão lhe diz ainda que aquela não é uma ocorrência inusitada mas, como você é uma visita ao seu país, ele fará uma exceção especial nesse caso. Poupará a vida daqueles aldeãos com a condição de que você execute um único deles. Assegura-lhe também que se você tentar qualquer bravata, seus homens o fuzilarão imediatamente e ainda matarão os aldeãos. Sem nenhuma culpa, você se viu enredado na situação, e agora é convidado a cometer um assassinato. Trata-se de um dilema moral complicado, mas mediante o cálculo utilitarista ele se torna de "simples" solução. Como a morte de um produz menos sofrimento que a morte de dez, você não só tem permissão para fuzilar um inocente como tem de fato obrigação de fazê-lo e, se não fizer, isso será moralmente repreensível. Talvez não pareça justo que lhe peçam para assumir a responsabilidade pela morte de dez aldeãos quando a situação não fora de sua própria escolha, mas isso, como diria novamente um utilitarista, é pura má sorte.

Quer você atire ou não nesse caso, a decisão poderia ser mais fácil se a escolha proposta fosse entre uma e cem, mil, ou dez mil vidas inocentes. O exemplo nos força a admitir que nos dispomos a contrabalançar uma vida com outra. E se não admitimos isso, o utilitarista pode simplesmente continuar acumulando números até que cedamos e aceitemos que a regra que proíbe tirar a vida de outra pessoa não é um absoluto moral. Com isso teremos admitido igualmente que os sofrimentos e prazeres de diferentes indivíduos podem, afinal de contas, ser comparados. Escapar inteiramente de absolutos morais, contudo, não é tão simples.

Os utilitaristas estão obrigados a não só evitar infelicidade e dano, como a promover positivamente a felicidade. Isso se torna um problema quando diferentes pessoas definem utilidade diferentemente, em especial quando o prazer de um consiste no sofrimento de outro. Digamos que um núcleo da Ku Klux Klan com quinhentos membros está louco para comemorar seu aniversário no estilo tradicional. Idealmente, gostariam de linchar alguém, mas vivem em um estado que adota a pena de morte, e certamente seriam condenados por crime tão hediondo. Como alternativa, contentam-se em simplesmente cobrir um homem inocente com alcatrão e penas. O prazer que isso lhes proporcionou foi, como disseram depois no tribunal, indescritível. Haviam se divertido tanto que aquela ação sem dúvida valera o preço que agora teriam de pagar. Segundo o cálculo hedônico de Bentham, eles têm razão. No frigir dos ovos, o prazer dos quinhentos perpetradores envolvidos tem, de longe, mais peso que o sofrimento de sua única vítima. Em termos utilitaristas, não há como negar que o crime compensou, mesmo que pouca gente se disponha a admitir uma transação dessa espécie.

Parece, portanto, que é preciso introduzir absolutos morais em algum ponto do sistema. Quando consideramos as consequências de nossas ações, a natureza ética dos próprios atos é parte integrante do estado de coisas que criamos. Por exemplo, se um marido mente para a mulher a fim de ocultar um adultério, isso pode manter o casal feliz, mas degradará mais ainda a relação. Usar drogas para quebrar um recorde mundial em uma competição esportiva sem ser flagrado poderia tornar um sujeito mais famoso e, em certo sentido, feliz, mas não valerá a pena ter essa fama se ele jamais conseguir se esquecer de que é um trapaceiro. Quantidades morais, como honestidade e direitos humanos, por exemplo, devem ser consideradas juntamente com coisas como prazer e felicidade em um cálculo ético, pois não podemos alcançar verdadeira felicidade a preço do nosso autorrespeito moral.

17. A Dialética de Hegel

A descoberta da verdade no conflito

Como Oscar Wilde observou, a verdade é raramente pura e nunca simples. Quando duas ideias opostas conflitam, é incomum que uma ou outra venha a se revelar inteiramente correta ou inteiramente errada. Com enfadonha regularidade, a verdade de questões em disputa contém um pouco de cada lado. Um dia será provavelmente anunciado no noticiário da noite: "Eminentes filósofos que trabalham na Universidade de Cambridge descobriram... A RESPOSTA... e, bem, é um pouco de cada coisa." Aprender a dar e receber dessa maneira pode certamente nos tornar pessoas melhores, mas não satisfaz o absolutista em nós. Quando queremos aprender a "verdade", não pretendemos tirar o melhor partido de uma confusão, esperamos chegar à versão completa, em toda sua glória objetiva. Às vezes, antes de nos darmos conta disso, é de fato com ela que somos deixados — mas sempre apenas temporariamente. Duas nações podem brigar por causa de uma fronteira e finalmente concordar com uma solução de compromisso quanto ao território disputado. A nova fronteira é formalizada em tratados assinados e aparece em atlas recém-impressos. Mal se passam alguns anos, contudo, e ela se torna objeto de nova disputa. O processo recomeça, e a verdade que antes era clara se obscurece. Segundo o filósofo Georg Hegel, esse ciclo está plenamente incorporado na história de nosso entendimento. Uma crença, um sistema ou um modo de vida encontra seu oposto e do embate dos dois surge algo que combina os melhores elementos de ambos. Mais cedo ou mais tarde, também essa crença encontra seu oposto, e torna-se mais um marco na série progressiva de entrechoques culturais que movem a história humana. Hegel chamou esse processo "dialética", e sua meta é a liberdade perfeita.

Hegel nasceu em Stuttgart em 1770, filho de um guarda aduaneiro no serviço civil. Viveu uma vida relativamente tranquila. A mais ultrajante história apócrifa associada a ele conta que, em uma manhã de domingo, plantou uma árvore da "liberdade" em solidariedade ao espírito revolucionário francês. Sua existência sedentária transcorreu, no entanto, em meio a grandes eventos, e ele confessou certa vez que, se visse alguma esperança de sucesso para Napoleão, pegaria um rifle e iria se juntar ao corso em Paris. Não teria precisado viajar tanto, embora não haja nenhum registro de que tenha pegado em armas quando Napoleão avançou pela Prússia. Estava ocupado demais (tentando entregar um livro no prazo), até para celebrar a vitória de seu herói em Iena em 1806. Sua obra mais notável, *A fenomenologia do espírito*, valera-lhe um adiantamento à vista pago mediante severíssimas cláusulas de multa caso o manuscrito não fosse entregue até 13 de outubro. O francês entrou em Iena para ocupar a cidade exatamente nesse dia, e foi por sorte que a única cópia daquele *magnum opus* chegou ao seu destino em segurança, em meio ao caos. A sorte não sorriu tanto para Hegel quando o "Reinado do Terror" que se seguiu em Iena impôs o fechamento da universidade e lhe tirou o cargo de professor. Talvez essa experiência tenha tido impacto sobre suas inclinações políticas, pois, mais adiante em sua vida, tornou-se um comprovado patriota prussiano. Hegel acreditava que Napoleão havia introduzido instituições modernas, racionalmente concebidas, em sua atrasada terra natal, e mais tarde insistiu em que a Alemanha mudara no curso de sua existência. De fato, afirmou que seu país chegara mais perto da liberdade verdadeira que qualquer outro Estado na história. Provavelmente, a monarquia absoluta da Prússia da época ficou surpresa com essa asserção, como ficaria um historiador contemporâneo, mas as classes dominantes mostraram-se gratas por essa aprovação e, na fase final de sua vida, Hegel gozou do patrocínio de vários funcionários governamentais de alto escalão. Tornou-se, na verdade, o filósofo do Estado e contribuiu muito para despertar o nacionalismo alemão.

Certos estudiosos da filosofia abordam o assunto determinados a dar respeitabilidade às suas ideias preconcebidas, não para criticá-las ou aprender outras novas. Poucos desses estudiosos fizeram isso com tanto sucesso quanto Hegel. Grande parte de sua obra foi dedicada à formalização das intuições místicas de sua juventude. Essas intuições consistiam na unicidade do universo e na crença de que somente o mundo tomado em sua integralidade pode ser dito verdadeiramente real. As partes componentes do mundo existem apenas em relação ao todo, e é a compreensão gradual dessa dependência que nos leva a apreender o mundo como uma unidade singular e perfeita. Uma vez que nós mesmos somos parte do universo, a raça humana é o instrumento pelo qual o mundo toma consciência de si. A importância da humanidade fora demolida pelo Iluminismo, e os contemporâneos de Hegel agarraram-se às ideias dele em razão de sua promessa de restituir propósito à vida humana. Muitos pensadores do Iluminismo queriam a razão para dar forma à religião, não para substituí-la. Hegel estava entre eles, embora considerasse a religião subordinada à razão. A religião, segundo ele, expressava as mesmas verdades, só que o fazia através de parábolas em vez de diretamente através do intelecto. À medida que chegássemos mais perto de compreender o Espírito Absoluto, no entanto, seríamos capazes de pensar o que anteriormente podíamos apenas sentir, e já não teríamos necessidade de mitos, alegorias ou simbolismos. Esse seria o privilégio de uma civilização tão harmonizada com a filosofia quanto a dos gregos antigos com a estética. Nem todo mundo se impressionou com essa visão. Arthur Schopenhauer (1788-1860), o notável contemporâneo de Hegel, qualificou-o de "charlatão banal, inane, repulsivo e ignorante" e desdenhou sua ascendência sobre jovens discípulos. Para combater a influência de Hegel, Schopenhauer marcava suas aulas para coincidir com as do rival, mas foi obrigado a encerrar o curso quando ninguém apareceu. Embora Hegel fosse um mau orador — costumava tossir e gaguejar enquanto folheava suas copiosas anotações para encontrar o fraseado certo — suas aulas atraíam grandes plateias. Schopenhauer pertencia à minoria, e não é exagero dizer que Hegel tomou o mundo de assalto.

Como suas ideias mais importantes não são de difícil apreensão, a famigerada impenetrabilidade da escrita de Hegel não impediu sua influência. Seu método, a dialética, é simples em essência e pode ser usado tão facilmente para interpretar a experiência de um indivíduo como a história de uma nação. A dialética repousa nas contradições internas, ou nos opostos, presentes em todas as áreas da vida humana. Hegel sustentou que todo progresso é alcançado mediante o conflito de opostos; é a resolução deles que conduz a humanidade para frente e para cima rumo à realização do Espírito Absoluto, que é uma unidade perfeita. Os três estágios de uma dialética são: tese, antítese e síntese. A tese poderia ser uma ideia, uma atitude, uma civilização ou um movimento na história. Sendo incompleta em si mesma, cada uma dessas teses encontrará mais cedo ou mais tarde sua antítese. As verdades parciais contidas tanto na tese quanto na antítese passarão então a ser incorporadas, em um nível mais elevado, na síntese que resulta de seu conflito.

Para uma tese, tome, por exemplo, um jovem recruta que parte para a guerra pela primeira vez. Ao se aproximar da frente de batalha, ele mal consegue controlar seu pânico ao som do canhoneio. Quando seus nervos estão quase se rompendo, a vergonha suplanta o medo, e a antítese, nesse caso, é a temeridade: ele se põe a descoberto em um acesso de loucura e investe cegamente contra o inimigo. Se tiver sorte o bastante para sobreviver aos ferimentos e refletir sobre sua experiência, poderá chegar à síntese, que seria um meio-termo entre covardia e temeridade. Em uma palavra, bravura: a capacidade de enfrentar o perigo com sangue-frio e considerar serenamente quando avançar e quando se proteger. A liberdade — a moeda da dialética de Hegel — será agora mais bem percebida em suas ações. Ele terá a capacidade de se controlar e de tomar uma decisão racional em uma crise, quando antes estava limitado por suas paixões. O recruta tinha o potencial da bravura todo o tempo, mas foi preciso o conflito entre seu medo e sua vergonha para lhe dar expressão. Um exército moderno preferiria que ele resolvesse esse conflito particular no campo de treinamento, e muitos soldados podem ser capazes disso. Hegel, porém, seria certamente cético com relação a essa possibilidade, a menos, talvez, que o campo de treinamento fosse ele próprio um lugar perigoso e árduo, comandado pelos mais ferozes instrutores.

Os conflitos no seio de uma dialética não precisam ser violentos, embora batalhas campais pareçam ser os exemplos favoritos de Hegel. Em muitos casos de completa autorrealização, um forte arrependimento será suficiente. Se tomamos um homossexual reprimido como nossa tese, a antítese se dá quando ele ou ela compreende que o desejo sexual pode ser contido pela força de vontade. O conflito entre desejo e autodomínio leva a uma síntese, uma vez que, com o poder de se controlar, vem também a capacidade de se libertar — de expressar desejo deliberadamente e não como resposta ao instinto. Se tudo caminhar bem, o resultado será um novo respeito próprio, em que as preferências sexuais podem ser exercidas sem vergonha. Provavelmente não era isso que Hegel tinha em mente quando concebeu a dialética, mas seu método é o que há de mais flexível.

A despeito de todas as suas implicações pessoais, a dialética foi concebida originalmente para a tela mais ampla da história. Ali Hegel viu a dialética arrancando o homem do estado de natureza e impelindo-o para a nação-Estado. A tese é o comportamento sem peias do selvagem, que age segundo seu humor e sem levar em conta as consequências. Com o tempo, o selvagem abandona sua liberdade irrestrita e se submete à lei e às pressões da convenção. Essa antítese o faz defrontar-se com o que percebe como uma tirania. Na síntese dessas condições opostas, torna-se um cidadão sob o império da lei. Nesse novo ambiente, é capaz de muito que estivera fora de seu alcance tanto como selvagem quanto como súdito. Agora pode compreender que liberdade é mais que licença vulgar e que a lei não é um mero desmancha-prazeres. Sem dúvida ele poderia ter dificuldade em ser assim tão sensato na Prússia de Hegel, mas o próprio filósofo admitia que o curso da liberdade talvez não tivesse chegado a seu término. Essa é uma ressalva importante, porque Hegel tinha uma estranha noção de liberdade, que favorecia fortemente o Estado em detrimento do indivíduo. Como Bertrand Russell observou, não era uma noção do tipo que nos livrasse de um campo de concentração.

Hegel faleceu em 1831, em Berlim, durante uma epidemia de cólera. O futuro da dialética passou longe do entendimento absoluto com que ele sonhou. Um de seus jovens discípulos tomou o método e reformulou-o em linhas materialistas. Em lugar do progresso do Espírito, essa nova dialética reconstituiu a história do homem e previu-lhe o futuro segundo suas condições econômicas. O discípulo foi, é claro, Karl Marx.

18. O Martelo de Nietzsche

Nossos ídolos despedaçados

No início de *Crepúsculo dos ídolos*, o pequeno volume em que pretendeu apresentar uma síntese de suas ideias, o filósofo alemão Friedrich Nietzsche escreveu:

> Este pequeno ensaio *é uma portentosa declaração de guerra*; e quanto a perscrutar os segredos dos ídolos, desta vez eles não são apenas os deuses em voga, mas ídolos *eternos* que são aqui tocados com um martelo, como se com um diapasão: não há, em última análise, ídolos mais antigos, mais autoconfiantes, mais inflados — e tampouco mais ocos.

Nietzsche queria mostrar que os fundamentos sobre os quais edificamos nossas verdades mais sagradas — nossos "ídolos" — eram um produto da história. E a história particular em questão, ele acreditava, era a história de um deplorável engano. Propôs que deveríamos usar a razão para compreender não a vida e a natureza, mas o poder de decisão. Não porque isso nos fornece uma imagem mais clara do mundo — embora de fato o faça —, mas porque agir dessa maneira é ser fiel à nossa natureza e à nossa "vontade de poder". Nietzsche descreve a vontade de poder como "um desejo insaciável de manifestar poder; ou como o emprego e o exercício do poder, como um impulso criativo". Essa, ele sustentou, era uma faculdade tolhida no homem moderno. Além disso, acreditava que ela estava em tão avançado estado de degeneração que nada menos que a destruição total de nosso sistema de valores era necessária antes que pudéssemos redespertar nossa vontade de poder em sua antiga glória. Somente então o mundo seria habitável para o *Übermensch* — o super-homem.

Friedrich Nietzsche nasceu em 1844 no seio de uma devota família protestante na cidade alemã de Rocken bei Lutzen, perto de Leipzig. Seu pai era ministro luterano, como seus avós, mas a profissão de família teria um fim abrupto com Nietzsche. Aos quatro anos ele perdeu o pai e, seis meses depois, o irmão mais novo. A família mudou-se para Naumburg, onde ele cresceu como o único homem em uma casa de cinco mulheres. Aos 14 anos ganhou uma bolsa de estudos em Schulpforta, o internato protestante mais renomado da Alemanha, onde brilhou nos clássicos. Em 1864 ingressou na Universidade de Bonn como estudante de teologia e filologia, embora tenha se concentrado exclusivamente na última. Um ano depois, tendo se desentendido com dois professores, transferiu-se para a Universidade de Leipzig para estudar com o classicista Friedrich Wilhelm Ritschl. Ali conheceu o compositor Richard Wagner e esculpiu sua própria reputação com tanto sucesso que lhe foi oferecida uma cátedra na Universidade da Basileia, na Suíça. Tinha apenas vinte e dois anos e estava para completar seu doutorado. Essa promoção foi interrompida pelo serviço militar, quando serviu na companhia de cavalaria de um regimento prussiano de artilharia. Certo dia, ao tentar saltar na sela de seu cavalo, caiu no chão e sofreu um grave ferimento no peito. Esse não foi o fim dos contratempos de Nietzsche com o exército. Em 1870, durante a Guerra Franco-Prussiana, ele se apresentou voluntariamente como enfermeiro e contraiu disenteria e difteria em poucas semanas, doenças das quais jamais chegou a se recuperar propriamente. Em 1879 foi obrigado a se demitir do cargo de professor por problemas de saúde e daí em diante viveu praticamente na solidão, vagando entre a Itália, os Alpes suíços e a Riviera francesa.

Pelo resto de sua vida de trabalho, Nietzsche foi atormentado por intensas dores de cabeça e deterioração da vista. A primeira década de seu isolamento, no entanto, foi também seu período mais fértil, no qual produziu *Assim falou Zaratustra* (1883-5) e *O anticristo* (recusado para publicação até 1895), bem como *Crepúsculo dos ídolos* (1889). Embora se lamentasse de que poucos contemporâneos fossem entender sua grandeza, não tinha vergonha de alardeá-la. Três capítulos de *Ecce homo*, concluído em 1888, levavam os títulos "Por que sou tão inteligente", "Por que sou tão sábio" e "Por que escrevo livros tão bons". No dia 3 de janeiro de 1889, em Turim,

Nietzsche viu um cocheiro chicoteando um cavalo e abraçou o pescoço do animal para protegê-lo. Caiu no chão chorando e essa expressão notavelmente não nietzschiana de piedade marcou o início de onze anos de insanidade que terminaram com sua morte em 1900. É tentador atribuir seu colapso à força de suas ideias e a duas rejeições no amor. Mas deveríamos considerar também os sintomas terciários da sífilis e o uso que Nietzsche fazia de hidrato de cloral como sedativo. Seja como for, ele sofreria outras afrontas depois de morto através das ações de sua irmã e enfermeira, Elizabeth. Anteriormente, ela trabalhara com o marido, Bernard Forster, na implantação de uma colônia ariana no Paraguai. Na qualidade de executora literária do irmão, reeditou as notas de Nietzsche e forjou outras para refletir suas próprias ideias, ao mesmo tempo que recusava o acesso público ao arquivo. Quando Adolf Hitler chegou ao poder, Elizabeth deu ao regime nazista a bênção póstuma de Nietzsche. O *Übermensch*, no entanto, era um tipo humano, não um tipo racial. Nietzsche não era antissemita — na verdade, o antissemitismo de Wagner contribuiu para esgotar sua paciência com o compositor. Ele também admirava os árabes e os japoneses por seu espírito nobre, ao mesmo tempo que desprezava os alemães. A seu ver, seu próprio povo só ficava atrás dos "idióticos" ingleses em matéria de degeneração. Patrióticos, nacionalistas e racistas, os nazistas teriam sido certamente desprezados por Nietzsche. Hoje Nietzsche é amplamente reconhecido como o mais exímio escritor já havido da prosa alemã. Isto dito, ler qualquer de suas obras principais é expor-se em igual medida a intuições geniais e aos desvarios de um maníaco.

Nietzsche acreditava que a verdade não era nunca algo que *descobrimos* sobre o mundo — que era de todo modo inerentemente caótico —, mas algo imposto a ele por uma "vontade de verdade" individual. Esse é o esforço de permanência do ego no momento em que impõe ordem ao caos. Nossos sistemas de compreensão do mundo nada mais são que memoriais à vontade dos filósofos. Não foram elaborados segundo a lógica, mas por um processo análogo à criação artística. O super-homem é capaz de encarar o caos à sua volta e ainda assim impor-lhe sua ordem mediante a da força de sua vontade de poder. Se essa parece uma perspectiva extravagante, a noção de verdade "objetiva" não parece menos, afirma Nietzsche. Uma vez que ideias falsas, como a do amor de Deus por suas criaturas, nos dão conforto, ao passo que os fatos muitas vezes são penosos, a preferência incondicional dos cientistas pela "verdade" sobre a "inverdade" não passa de preconceito moral. Chega mesmo a ser uma preferência contraproducente, pois no curso da história tal como narrada por Nietzsche, nossa crença em um mundo "real" independente de nossas percepções interiorizou-se e negou seu próprio fundamento. A história começa com Platão, que originalmente concebeu um mundo "verdadeiro" ao alcance da apreensão dos sábios e virtuosos. Isso foi depois incorporado ao cristianismo e nos oferecido como uma promessa na forma do céu. Com a filosofia de Immanuel Kant, o caráter do mundo ideal tornou-se incognoscível aos poderes humanos de apreensão, mas pelo menos ele ainda existia. Mais tarde ainda, filósofos indagaram como se poderia esperar que seres humanos extraíssem orientação de algo incognoscível, e assim o mundo "verdadeiro" tornou-se, nas palavras de Nietzsche, "inútil e supérfluo". Com o mundo da "verdade" desapareceu também o das aparências, pois tampouco a maneira como as coisas se manifestam é uma verdade "em-si" — até os fatos mais incontroversos estão sujeitos a interpretação. Além disso, Nietzsche admitiu que também essa ideia — dele mesmo — era, ela própria, apenas uma interpretação.

Nietzsche não pensava, contudo, que uma interpretação era tão boa quanto qualquer outra, pois considerava a verdade uma quantidade moral. As verdades e interpretações de indivíduos felizes, saudáveis e fortes eram preferíveis às dos fracos e abjetos. Para sua repulsa, descobriu que os valores dominantes no mundo ocidental pareciam proceder destes últimos. Como os fracos conseguiram isso, já que certamente não são páreo para o leão entre os homens, com sua indomável vontade de poder? A resposta de Nietzsche é que a mediocridade prevaleceu graças à força dos números. Ao se congregarem sob a fé judaica, os "escravos" que seguiram Jesus Cristo destronaram a moralidade de seus "senhores" e substituíram as virtudes aristocráticas pela linguagem da indignação. O cristianismo condenou os nobres, os belos e os poderosos ao fogo de um inferno fictício enquanto a Terra foi legada aos mansos e aos coxos. Esse ato criativo dos escravos não foi uma celebração de sua liberdade recém-conquistada, mas mera reação contra os valores de seus antigos senhores. Esses valores foram corrompidos e invertidos: a autoconfiança, por exemplo, tornou-se "arrogância", e a incapacidade de vingar-se do inimigo transformou-se na virtude do "perdão". O orgulho saudável foi substituído pela humildade e a competição frutífera deu lugar à caridade.

Assim começou a idade da moral, pois os aristocratas não tinham tido nenhuma necessidade de regras para restringi-los ou de punições para coagi-los. A moralidade é a província não do indivíduo, mas do "rebanho", que nos impinge suas noções de "bem" e "mal" sem nos permitir criarmos as nossas próprias. O individualismo que sobrevive é envolto em mal-estar. A rebeldia do rebanho provoca estertores de culpa e uma consciência moral que sufoca a livre ação de nossos instintos. A primazia da culpa destrói nosso autorrespeito e nos torna não melhores que um "camelo", uma condição que aceitamos por desejo de uma vida fácil. O que conseguimos, porém, é uma ilusão de facilidade, pois "sob condições de paz, o homem belicoso ataca a si mesmo". Com a negação das virtudes "naturais", veio a negação do mundo dos sentidos através da filosofia degenerada do platonismo grego. Esta última descrição aplicava-se até ao eu individual, divorciando uma pessoa de suas ações e tornando possíveis intenções "boas" ou "más" onde antes houvera apenas a expressão imediata da vontade. Nietzsche nos exorta a levar o niilismo ao inimigo, destruindo seus valores e criando valores novos que sejam fiéis a nossa vontade de poder. Isso exige uma vontade criativa, não uma mente lógica.

Nietzsche não se preocupava excessivamente com a possibilidade de os meios que usava para atacar outros filósofos virem a ser aplicados também às suas próprias ideias. Não estava interessado em engajar outros pensadores em uma batalha de perspicácia lógica. A verdade, como normalmente entendemos o termo, não era a rigor o objeto de sua filosofia já que segundo ele a capacidade de criar e destruir a verdade precedia a capacidade mítica de discerni-la. Desse modo, suas ideias solapavam as de seus opositores em vez de travar combate com elas. Ele filosofa com um "martelo" usado para "perscrutar" ídolos, "que são tocados com um martelo como se fosse com um diapasão", até que as reverberações os reduzam a pó. Uma ideia torna-se um ídolo quando uma expressão de nossa vontade de poder se mascara como uma verdade objetiva acerca do mundo. Levar as coisas tão longe é não só enganar a si mesmo, como insultar o impulso criativo pelo qual moldamos verdades. Ao fazê-lo, elevamos nossas ideias somente pela degradação de nós mesmos. Um filósofo "saudável", em contraposição, é feliz em esculpir sua verdade a partir das aparências e deixá-las assim — no nível do instinto —, pois a falta de autoconfiança não o compele a buscar para sua verdade um status mais elevado que sua própria afirmação delas.

"Todos os criadores são duros", Nietzsche escreveu, "e deve parecer uma glória para ti imprimir tua mão em milênios como sobre cera, uma glória escrever na vontade de milênios como em bronze — mais duro que bronze, mais nobre que bronze. Só o mais nobre é totalmente duro." A vontade de poder parece ser algo tão duro que não há nada de mais duro com que moldá-la — se pelo menos tal substância existisse. Porque a força da vontade patentemente não pode conquistar tudo, as exortações de Nietzsche representam uma atitude em face da condição humana e não qualquer plano real para mudá-la. Ele fez a declaração famosa de que "tudo que não me mata me fortalece". Mas mesmo que aceitemos que o sofrimento é por vezes bom para nós, continua sendo bastante irracional desejá-lo em si mesmo pela razão de que não pode ser evitado. Nietzsche declara transformar todo "foi" em "eu quis assim!". Pede que passemos a dizer "amém, a dizer sim para tudo que nos aconteceu e acontecerá". Qual é a diferença, contudo, entre essa resposta ao mundo e aquela do escravo que se alegra quando seu senhor o surra, afirmando ser exatamente aquilo que sempre desejara? Um pouco de senso de humor é uma ótima vara com que atacar nossos adversários, mas unir-se a eles — como Nietzsche efetivamente propõe — é muito diferente de surrá-los.

"Não aponto o mal e a dor da existência com o dedo da censura", Nietzsche professou, "antes, alimento a esperança de que a vida possa um dia tornar-se pior e mais cheia de sofrimento do que jamais o foi." É uma forma muito estranha de afirmação da vida. Nietzsche nos ensina a não transigir em face da adversidade; a celebração do sofrimento que advoga está mais próxima da cooperação com nossos adversários que de seu combate e derrota. Mais vale *recuar* para o terreno moral elevado que afirmar, como Nietzsche, que ele foi encontrado nos abismos. Se uma crise não fosse ela própria um mal, não poderíamos falar de "superá-la". Mesmo que calamidades nos fossem enviadas para nos "pôr à prova", por assim dizer, seria de supor que só nos alegraríamos quando as superássemos. Ao ler Nietzsche, temos de nos perguntar francamente: gostamos ou não da dor? O estoicismo, ou a aceitação de tudo, nos enobrece, mas não há nenhuma razão por que uma rebelião irada contra nossa sorte não possa alcançar o mesmo fim. Isso não quer dizer que seja nobre lamuriar-se e gemer em face do sofrimento — nem que deveríamos exercitar a negação de que Nietzsche acusa a humanidade —, mas que, embora devamos aceitar o que nos advém e fazer dele o melhor, não temos também o dever de gostar dele. Se você perde as duas pernas em um acidente de trânsito e aprende a enfrentar sua deficiência, isso é algo admirável, mas é algo admirável *seu*. Certamente não ocorre graças ao motorista bêbado que o atropelou. Embora você possa bendizer cada novo dia com um sorriso e nunca permitir que sua situação o derrote, isso não anula suas razões de queixa procedente, muito menos uma ação civil. Uma coisa é dizer que o modo como reagimos a experiências está inteiramente dentro de nosso próprio poder, mas a natureza de nossas experiências, uma vez que elas ocorreram, está muitas vezes claramente além dele. Como outras formas de loucura, a megalomania nietzschiana é de pouca ajuda para a condição humana.

Aos nos falar do potencial que tem toda adversidade de ser transformada em benefício para nós, o próprio Nietzsche estava assentindo em um mito — um mito criado pelos fortes, não pelo rebanho. Tinha razão ao dizer que os perdedores da vida muitas vezes negam sua responsabilidade pessoal pelos acontecimentos e superestimam o papel da má sorte em sua derrocada. Mas o que ele não reconheceu foi que aqueles que têm êxito na vida não hesitam em aceitar o mérito que lhes é "devido" e subestimam naturalmente o papel da sorte em seus feitos. Objetar que o resto da humanidade poderia ter feito melhor com suas oportunidades é o meio pelo qual os fortes e saudáveis aplacam a culpa que sentem por sua boa fortuna. Isso não se aplica de modo algum a todos que têm um bom salário, uma casa grande e um carro esporte. Mas, em vez de sentir genuína comiseração digamos, pelos trabalhadores mal pagos no Terceiro Mundo, é muito mais fácil para nosso ego pensar que eles podem melhorar sua sorte por meio de seus próprios esforços, ou que seus filhos e netos gozarão de tais benefícios. Esses indivíduos movem-se de fato no meio do rebanho o tempo todo — foram eles que nos disseram que nossos sofrimentos seriam corretamente avaliados no céu. Se o cristianismo é escravidão moral, foi um cativeiro incutido nos escravos pelo *Übermensch*, não construído por eles próprios. Agora que Deus está "morto", como Nietzsche diz, e não mais acreditamos cegamente no céu, as coisas não mudaram muito. Longe de demolir esse "ídolo", o próprio Nietzsche ajudou a preservar o *statu quo* dizendo-nos que nossas tragédias não importam muito porque sempre podemos superá-las. Exatamente quando nossa maior fonte de auto-opressão estava se esboroando, Nietzsche chegou para erigir uma nova. Em lugar da rendição ao mal e à adversidade, deu-nos a parceria com eles.

19. O Espelho do Jovem Wittgenstein

O que pode ser mostrado, mas não dito

Os melhores romancistas nos mostram o que os piores conseguem apenas nos contar. É quando são exibidas — na ficção como na vida — que as emoções manifestam seu poder, pois seu valor tende a ser perdido no relato. Quando jovem, o filósofo Ludwig Wittgenstein afirmou que isso valia para todas as verdades, tanto intelectuais quanto morais, que os pensadores procuravam descobrir. A filosofia era um espelho capaz de refletir o mundo, mas não capaz de enunciá-lo. Não se pode falar sobre essência do mundo, e a essência de nossos pensamentos, ele acreditava, pode-se apenas mostrá-la. O início do século XX foi um período em que filósofos reescreveram os problemas da filosofia como problemas da linguagem. Mais de cem anos antes, Immanuel Kant se dera conta de que antes de podermos compreender o mundo, devemos compreender as faculdades da percepção e os processos de pensamento pelos quais ele é mediado. Wittgenstein deu mais um passo atrás e afirmou que, uma vez que toda compreensão tem lugar através da linguagem, o estudo desta última produzirá a imagem mais precisa do mundo. Questões filosóficas têm de ser formuladas em palavras; portanto, se você encontra os limites da linguagem, encontra assim os limites do que pode ser perguntado e respondido em filosofia.

Caçula de oito filhos, Wittgenstein nasceu em Viena em 1889. Sua família era uma das mais ricas da Europa. Seu pai, Karl, era um magnata do ferro e do aço e um dos importantes capitães da indústria do Império Austro-Húngaro. Até os quatorze anos, Wittgenstein foi educado em casa — um centro de música e cultura que contava o compositor Johannes Brahms entre seus visitantes habituais. Todos os irmãos de Wittgenstein eram talentosos, mas a instabilidade era tão evidente na família quanto a genialidade, e três de seus quatro irmãos cometeram suicídio. Em 1908, Wittgenstein foi para a Universidade de Manchester, na Inglaterra, para estudar aeronáutica, atividade que o levou à matemática, que por sua vez o levou para a filosofia. Deixou Manchester e a engenharia e acabou conhecendo Bertrand Russell em Cambridge, onde se tornou seu protegido. Em menos de dois anos, Russell percebeu que o aluno acabaria por superá-lo. Wittgenstein afirmou que a confiança que Russell depositava nos talentos dele o salvou das ideias de inutilidade que o poderiam ter levado ao suicídio. Mas talvez isso não tenha sido suficiente, pois quando a Primeira Guerra Mundial foi deflagrada Wittgenstein alistou-se no exército austro-húngaro. Acreditava que, mediante a intensidade dessa experiência, se "tornaria uma pessoa diferente". O exército o designou para tarefas administrativas, mas ele insistiu em ser mandado para a frente de batalha, onde acabou por ser condecorado várias vezes por bravura. Continuou seu estudo de filosofia nas trincheiras, fazendo anotações para o que viria a ser o único livro que publicou em vida, o *Tractatus logico-philosophicus*.

Wittgenstein tinha o tipo de descaso pelo conforto material que só um aristocrata poderia ter. Ao herdar uma fortuna, deu a maior parte dela para as irmãs sob a alegação de que, como já eram ricas, aquilo não lhes faria mal algum. Estimulava seus alunos da classe trabalhadora a abandonar a filosofia e retornar à vida de trabalho duro e, certa vez, chegou a solicitar cidadania soviética de modo a poder viver como camponês. As autoridades russas o informaram de que já tinham camponeses suficientes, mas ficariam encantadas se ele assumisse um cargo docente numa de suas universidades. Ele declinou do oferecimento e viveu frugalmente pelo resto da vida. Em 1920 — dois anos antes de o *Tractatus* ser finalmente publicado — Wittgenstein retirou-se para os Alpes a fim de se tornar professor de escola primária. Tinha apenas trinta e um anos, mas acreditava já ter resolvido os problemas da filosofia nas setenta e cinco páginas de seu primeiro livro. Nove anos mais tarde, retornou a Cambridge para resolvê-los todos de novo.

Enquanto servia na frente oriental, Wittgenstein ouviu falar de um julgamento em que fora apresentada a maquete de uma rua para explicar os eventos que haviam levado a um acidente automobilístico. Intuiu daí que nossas palavras funcionavam como os carros e os bonecos de brinquedo no modelo — são organizados para estabelecer uma imagem da realidade. Em consequência, afirmou que todos os sistemas representacionais deviam operar por meio de analogias como essas. Através de nossas palavras não espelhamos os objetos a que elas se referem — sendo meros símbolos arbitrários que concordamos em usar para denotar certos objetos —; a semelhança surge de fato quando consideramos as relações entre as palavras numa frase e entre os objetos num estado de coisas. A relação entre uma afirmação e um estado de coisas é como entre a de um mapa em escala e o terreno que ele representa. Embora o mapa seja, claro, muito menor que o terreno, isso não importa desde que as distâncias entre os lugares nele traçados sejam análogas àquelas entre seus correspondentes no mundo real.

Para que a linguagem seja possível, Wittgenstein raciocinou, a forma ou estrutura das frases deve ser a mesma exibida por estados de coisas no mundo. As estruturas do mundo devem ser espelhadas pelas estruturas da linguagem que usamos para falar sobre elas. Assim como um estado de coisas complexo pode ser decomposto em suas partes, a linguagem pode ser analisada em componentes mais simples. Os substantivos representam objetos simples do mundo, e o modo como são combinados em uma frase representa o modo como os objetos correspondentes referidos se colocam uns em relação aos outros. Enquanto os objetos mantêm entre si relações espaciais, as palavras mantêm entre si relações lógicas. Essa estrutura comum é o que reconhecemos quando compreendemos que a afirmação, "O gato está sobre a esteira" refere-se a *aquele* gato que está sobre *aquela* esteira. É como se alinhássemos uma declaração contra o mundo como uma régua ou uma grade transparente para ver se os dois se correspondem. Quando se correspondem, dissemos algo verdadeiro.

As relações entre objetos no mundo não são elas mesmas objetos adicionais. Quando o gato está sobre a esteira, há um gato, uma esteira e a relação entre eles — não há nenhum terceiro objeto, que é o estar-sobre-a-esteira-do-gato. De maneira semelhante, as relações lógicas entre palavras em uma asserção não são palavras extras, elas são mostradas na estrutura das coisas que dizemos. Isso é importante porque significa que a relação entre nossa linguagem e o mundo que ela representa não pode ser ela própria expressa em linguagem. Só há uma coisa no mundo que uma imagem não pode representar — ela mesma. Ela não pode representar o que há nela mesma que faz dela uma imagem. Se pegássemos a pintura de um cachimbo e escrevêssemos nela "Isto é a imagem de um cachimbo", estaríamos saindo da forma pictórica. Se, por outro lado, víssemos o escrito meramente como um outro elemento da pintura, ele passaria a carecer de interpretação, exatamente como o resto da pintura. Precisaríamos inscrever outra afirmação na pintura para dizer o que o escrito estava fazendo — e então estaríamos de volta de novo ao mesmo problema. Isso ocorre porque a verdade não é intrínseca a imagens; é antes algo que uma imagem adquire em virtude de sua relação com alguma outra coisa — alguma coisa fora dela mesma — a saber, o estado de coisas que representa. Seja o que for que vá dentro da imagem é apenas mais imagem — que podemos então confrontar com o mundo para ver se é exato ou não. O adendo "Isto é a imagem de um cachimbo" teria de ser similarmente confrontado. Desnecessário dizer que não podemos confrontar uma imagem consigo mesma, pois isso não seria em nada diferente de simplesmente olhar para ela.

Como a linguagem é uma forma de representação, essas mesmas limitações aplicam-se às palavras, que podem representar qualquer coisa na realidade, mas não podem representar o que têm em comum com a realidade de modo a serem capazes de representá-la. Se tentássemos fazer isso com palavras, produziríamos apenas mais linguagem, assim como produzimos apenas mais imagem ao escrever diretamente na pintura. A questão de determinar significativamente o valor das palavras — como se supõe que os filósofos façam o tempo todo — não pode portanto surgir. No entanto, se a linguagem é o meio pelo qual entendemos o mundo, pareceria razoável imaginar que poderia haver uma melhor. A teoria de Wittgenstein se aplica, contudo, não só ao inglês ou ao francês, mas a todas as línguas possíveis. As regras que codificou aplicavam-se a qualquer língua que se fundasse, para sua inteligibilidade, na representação. Assim, se quiséssemos ver quão bem nossas palavras representam o mundo, ou quão bem nossos conceitos filosóficos descrevem a realidade, seríamos incapazes — uma vez que precisaríamos fazê-lo a partir de uma posição externa a nosso sistema de representação. Precisaríamos ser capazes de olhar para esse sistema por um lado, e o mundo por outro, mas nenhum posto de observação como esse nos está disponível quando estamos usando a própria linguagem.

Assim como não podemos falar de uma área que não pode ser mapeada, não podemos falar de estados de coisas que não podem ser representados em linguagem. Inversamente, assim como um mapa de lugar nenhum não representa coisa alguma, ditos que não se referem a nada no mundo são absurdos. Como Frank Ramsey, contemporâneo de Wittgenstein, observou em sua crítica ao *Tractatus*: "O que não pode ser dito não pode ser dito, e tampouco pode ser assobiado." A última frase do *Tractatus* diz: "Aquilo de que não se pode falar, deve-se calar." No entanto, como uma obra de filosofia que descreve a essência da linguagem, o próprio *Tractatus* está longe de calar sobre essas mesmas coisas. A linguagem comum exibe sua estrutura, e a do mundo, mostrando-a a nós. O *Tractatus*, por outro lado, tentou formular explicitamente o que essa estrutura é e, ao fazê-lo, tornou-se ele mesmo sem sentido em seus próprios termos. Wittgenstein explica sua posição assim:

> Minhas proposições servem como elucidações da seguinte maneira: qualquer pessoa que me compreenda acabará por reconhecê-las como absurdas, quando as tiver usado — como degraus — para ir além delas. (Ela deve, por assim dizer, jogar fora a escada depois de a ter subido.)
> Ela deve transcender essas proposições, e então verá o mundo corretamente.

Wittgenstein admite que não conseguiu dizer nada de significativo — não nos *disse* nada —, mas, ao fazê-lo, demonstrou, ou nos *mostrou*, algo muito importante:

> Quando a resposta não pode ser posta em palavras, também a pergunta não pode ser posta em palavras.
> O *enigma* não existe.
> Se uma pergunta pode ser formulada de alguma maneira, é também possível respondê-la.

Como o *Tractatus* mostra que as respostas para os problemas da filosofia não podem ser postas em palavras, ele demonstra que as perguntas foram equivocadas o tempo todo. Wittgenstein continua.

> A solução para o problema da vida é vista no desaparecimento do problema.
> (Não será por isso que aqueles que descobriram, após um longo período de dú-

vida, que o sentido da vida ficou claro para eles foram incapazes de dizer em que consistia esse sentido?)

A propósito da teoria da imagem, o sentido de uma coisa reside sempre fora dela, na medida em que uma imagem deve obviamente situar-se fora daquilo que representa (fosse ela interna a seu objeto, seria aquela própria coisa e não, em absoluto, uma imagem dela). Se formos tratar nossa existência como um signo que tem um sentido, o sentido da vida residirá fora dela. Tentar falar do problema da vida — ou de valores éticos, ou estéticos — é chocar-se contra as paredes da linguagem. Mas quando se cartografa o interior da prisão, Wittgenstein sugeriu, o lado de fora se torna manifesto. Em uma carta ao escritor Ludwig von Ficker, ele declarou:

> Quis escrever que meu trabalho consistia de duas partes: da que está aqui, e de tudo que *não* escrevi. E precisamente esta segunda parte é a importante. Pois o ético é delimitado a partir de dentro, por assim dizer, pelo meu livro; e estou convencido de que, *estritamente* falando, ele SÓ pode ser delimitado dessa maneira. Em suma, eu penso: revolvi todas essas coisas sobre as quais tanto andam tagarelando hoje em dia ao permanecer calado a respeito delas.

As limitações da asserção explícita são evidentes na vida cotidiana. Por exemplo, se prometo chegar cedo do trabalho em casa, não posso convencer ninguém de que realmente pretendia isso simplesmente reiterando o fato — como se a sinceridade fosse uma outra declaração a ser anexada à primeira. Além disso, não cumpro minha promessa ao anunciar "Aqui estou!" quando chego em casa. Ao chegar pontualmente, *mostro* a meu parceiro que o que *disse* era verdade. Minha sinceridade tampouco é uma intenção, como uma anotação mental que faço para mim mesmo — pois isso de pouco adiantará se eu perder tempo a caminho do metrô. Onde a fala é barata, os pensamentos não valem nada. Quando Wittgenstein aplica essa análise à filosofia — para a qual os pensamentos são extremamente valorizados —, ele revela as limitações similares de toda afirmação que pretenda expressar "grandes" verdades, tais como a natureza de Deus ou o valor da vida humana. Sempre que houver representação, as verdades mais importantes serão aquelas que podem ser somente mostradas e não expressas. No entanto, a linguagem envolve mais do que representação, como o próprio Wittgenstein descobriu na segunda fase de sua trajetória intelectual.

20. Os Jogos do Wittgenstein Maduro

A fuga da garrafa de moscas

Com a idade, Ludwig Wittgenstein desistiu de propor teorias filosóficas. De fato, todo o seu pensamento posterior consiste em um compêndio de ferramentas e métodos para ver-se livre delas. Não acreditava mais que a filosofia era uma busca da verdade (nem mesmo uma busca vã), a seu ver ela deveria se concentrar em desfazer as confusões que criara. Pensar filosoficamente ou nos levará de volta do absurdo para o sentido, ou nos mostrará que estamos num beco sem saída e deveríamos parar de seguir uma linha particular de indagação. A filosofia é uma busca de clareza, não uma tentativa de descobrir novas verdades sobre a vida e o mundo. O propósito dela, nas palavras de Wittgenstein, é "mostrar à mosca a saída da garrafa de moscas". Com a mesma intensidade que os médicos pesquisam vacinas, os filósofos deveriam abolir a si mesmos. Quando feita propriamente, a filosofia "deixa tudo como é", pois seu objetivo não é nem a teorização nem a descoberta de novos fatos, ele acreditava. A abordagem de Wittgenstein não é propor teorias, mas analisar e descrever em detalhe o que está se passando quando usamos a linguagem. Seu conselho é: "Não pense, olhe!"

Wittgenstein decepcionou-se com suas experiências como professor primário na Áustria na década de 1920. Encorajava seus alunos a se aperfeiçoarem, mas era constantemente frustrado pelas baixas expectativas dos pais deles. Não melhorou em nada sua situação ao impor uma disciplina draconiana em classe, dando sopapos regulares nas orelhas das crianças (fossem meninos ou meninas) que deixavam de corresponder a seus exigentes padrões em matemática. Felizmente, a ideia de uma nova filosofia estivera gestando nele durante esse tempo. Em 1929, aos trinta e nove anos, retornou a Cambridge para lecionar no Trinity College, a propósito do que o grande economista John Maynard Keynes, seu admirador, escreveu para sua mulher: "Bem, Deus chegou. Encontrei-o no trem das 5h15min." O quarto em que Wittgenstein morava e ensinava tinha por mobília uma cama, uma pia e uma cadeira de armar; os alunos tinham de levar outras dessas cadeiras se quisessem ouvir suas aulas sentados. Em 1947 ele abandonou o ensino para se concentrar em sua obra, grande parte da qual completou recolhido na Irlanda rural. Ali era visto como um excêntrico local. Embora um fazendeiro o tenha expulsado de sua terra porque ele "assustava as vacas", ele parece ter aprendido durante esse tempo como atrair as aves das árvores. Em 1951, dois dias depois de completar sessenta anos, Wittgenstein morreu de câncer da próstata em Cambridge. Consta que suas últimas palavras foram: "Diga-lhes que tive uma vida maravilhosa."

Como na juventude, Wittgenstein continuou a afirmar mais tarde na vida que os problemas filosóficos deveriam ser enfrentados mediante um estudo da linguagem. Mas agora não se tratava de mostrar como nossa linguagem espelha o mundo e comunica a verdade. A verdade, em vez de uma qualidade que nossas crenças possuem ou não, é, isto sim, uma atividade que é simplesmente desempenhada ou não. Uma ação, diferentemente de uma afirmação, não pode ser verdadeira ou falsa, mas pode ser adequada ou inadequada segundo o contexto em que é enunciada. Mesmo as afirmações, contudo, devem ser vistas como ações na filosofia posterior de Wittgenstein. Afirmações são corretas não quando correspondem à realidade que estão tentando espelhar, mas quando estamos fazendo um uso correto da linguagem — isto é, quando as palavras na afirmação são compatíveis com as regras e convenções do sistema, o "jogo da linguagem", de que fazem parte. Compreender uma palavra ou conceito é ser capaz de usá-lo segundo as regras apropriadas. Se você viola essas regras, não está intrinsecamente "errado", mas não está jogando aquele jogo particular. É uma regra do jogo de linguagem da ética, por exemplo, que, ao acreditar que uma coisa está certa, você se sentirá movido a agir de acordo com ela (ou pelo menos a pensar que deveria). Se você estivesse jogando tênis e alguém observasse que estava jogando muito mal, você poderia responder que não se importava e que não estava realmente interessado em jogar nada melhor. Mas se alguém lhe diz que você está *agindo* mal, você não pode concordar e acrescentar que não está interessado em melhorar seu comportamento. Se respondesse dessa maneira, estaria revelando não entender realmente o que as palavras "certo" e "errado" significam. Você seria ignorante não de verdades éticas, mas das regras segundo as quais afirmações éticas devem ser feitas para se qualificar como éticas. Segundo Wittgenstein, saber alguma coisa é saber *como* fazer alguma coisa, e não saber *que* alguma coisa é verdade.

Entretanto, antes que um jogo de linguagem possa ser jogado ele tem de ser viável. Todos os jogos de linguagem viáveis — isto é, os que podem ser jogados de algum modo — têm de atender a certas condições. Em primeiro lugar, têm de ser atividades partilhadas. As regras devem estar publicamente disponíveis, ou jamais seríamos capazes de aprendê-las. Isso se aplica até à linguagem de coisas que normalmente consideramos irredutivelmente privadas, já que uma criança só pode aprender a partir da linguagem e do comportamento que observa. Poderíamos pensar que o fato de uma pessoa estar ou não sentindo dor, por exemplo, é uma questão que cabe a ela mesma decidir. No entanto, as crianças aprendem a palavra "dor" ouvindo outros a mencionarem quando queimam o dedo ou dão uma topada com o pé, e vendo como as pessoas reagem quando usam o termo. Se "dor" se referisse puramente a uma sensação, por outro lado, e não tivesse nenhuma conexão necessária com contorcer-se, gritar e praguejar, uma falante adulta — vamos chamá-la de Marta — que usasse a palavra da maneira normal poderia ter passado sua vida toda usando-a mal, sem se dar conta disso. É possível que todas as vezes que ela viu pessoas pulando, declarando estarem sentindo "dor", elas estivessem de fato fingindo para despertar piedade. Mesmo assim, Marta teria aprendido a usar a palavra "dor" — ainda que nem sempre seja esperta o bastante para perceber quando outros a estão usando dissimuladamente. Supondo que essas pessoas que a atormentavam dessa maneira já se divertiram o bastante e agora querem tirá-la de sua aflição (ou lançá-la nela), como o poderiam fazer? Elas não podem mostrar a Marta suas sensações de dor, já que se supõe que estas são essencialmente privadas (supostamente, foi assim que os fingidores conseguiram enganá-la). Tampouco adiantaria se a espetassem com uma vareta pontiaguda e dissessem "*Isto* é dor" — já que não teriam como saber, a não ser pelo comportamento aparente de Marta, se ela sente a mesma sensação que eles ao serem espetados.

Como o comportamento aparente — nossas reações e fala — é a única coisa em que podemos nos pautar, ele deve ser tudo de que precisamos para ensinar a alguém como usar um termo. Mesmo que exista telepatia, muitos atestarão que não foi por meio dela que adquiriram seu vocabulário. Não temos também um conhecimento inato de nossas palavras, pois há milhares de línguas no mundo — todas as quais precisam ser aprendidas mediante um longo processo de observação. As regras de um jogo de linguagem não só devem ser partilhadas por uma comunidade de usuários, como também não podem ser a província apenas de um grupo seleto de indivíduos conhecidos como filósofos. Para Wittgenstein, "público" significa "o público geral". São os usuários da linguagem comum que já têm as respostas, pois eles são capazes de empregar termos em jogos de linguagem sem dificuldade. Só quando usam mal sua linguagem é que se tornam filósofos e passam a necessitar de uma terapia wittgensteiniana que lhes permita sair da garrafa de moscas.

Todos os jogos têm regras que podem ser seguidas ou violadas, e deve ser possível para nós saber quando as estamos violando, pois de outra maneira não haveria diferença discernível entre jogar e não jogar o jogo. Segundo o "argumento da linguagem privada" de Wittgenstein, a coisa que determina se estamos ou não jogando segundo as regras deve se situar fora de nós, pois de outro modo seria fácil demais rompê-las inadvertidamente. Se seguir uma regra corretamente consistisse meramente em *sentir* que o estamos fazendo, poderíamos ter a sensação ainda que estivéssemos de fato violando-a. De fato, não haveria diferença alguma entre seguir uma regra e meramente *pensar* que a estávamos seguindo. No mundo real, é claro, logo seríamos lembrados delas se agarrássemos a bola e saíssemos correndo com ela durante um jogo de futebol. Alegar que pensávamos estar fazendo a coisa certa não nos ajudaria muito diante do árbitro. Poderíamos ter nos confundido, e pensado que estávamos jogando rúgbi ou futebol americano, mas mesmo nesse caso estaríamos obedecendo a certas regras, ainda que não as mesmas que o resto de nosso time no campo. O caráter significativo de nossas palavras e ações, o fato de seguirem regras, presume a existência de um mundo fora de nossas próprias mentes. Regras, ao que parece, não nos podem ser dadas por nós mesmos — elas nos devem ser impostas a partir de fora. Embora a verdade possa ser uma questão de convenção, não pode ser uma convenção de um só.

Embora as regras de todo jogo de linguagem se situem na esfera pública, isso não torna necessariamente o aprendizado delas uma tarefa fácil. Toda regra está sujeita a interpretação e, por melhor que seja o ensinamento, mal-entendidos continuam possíveis. A regras devem ser aprendidas por meio da observação, mas não é possível observar todas as aplicações de uma dada regra — como cada movimento que o rei poderia fazer em um jogo de xadrez. Mostramos a um iniciante como as peças se movem deslocando-as um espaço aqui e outro ali, mas ele poderia não compreender que elas não podem ser movidas para fora do tabuleiro, por exemplo. Nossa explicação não pode pretender abranger todos os erros que ele poderia cometer, e apesar disso a maioria de nós tem pouca dificuldade em aprender as regras do xadrez ou de qualquer outro jogo. Isso ocorre em parte porque as regras são públicas, de tal modo que outros podem nos dizer quando estamos fazendo um erro e corrigi-los. Mas ocorre também porque certos erros são mais comuns que outros. Alguns, como comer as peças que capturamos, são tão raros que em geral não precisamos assinalá-los antecipadamente a iniciantes. Isso se deve a experiências que partilhamos na condição de seres humanos antes que o jogo da linguagem comece. Somos capazes de nos comunicar uns com os outros facilmente porque temos uma "forma de vida" em comum. Essa forma de vida é tal que talvez não seja familiar para outras criaturas, como gatos — com os quais a comunicação é difícil, se não impossível. Como Wittgenstein expressa em *Investigações filosóficas*: "Se um leão pudesse falar, não seríamos capazes de compreendê-lo."

Isso não quer dizer que as mesmas regras não possam levar a conclusões diferentes. Se uma pessoa acredita que foi abduzida por extraterrestres — quando sabemos muito bem que simplesmente levou uma pancada na cabeça e passou uma semana inconsciente em um hospital — ela poderia ter chegado a essa conclusão usando os mesmos critérios que nós: por exemplo, as estranhas cicatrizes em sua cabeça e a perda de memória. Se lhe dissermos que a operação para reparar os ferimentos causaram as cicatrizes e que a amnésia é uma reação normal a drogas sedativas, ela poderá acatar nosso ponto de vista. Se não o fizer, não estará mais jogando o jogo das evidências. Nesse caso, não podemos dizer que sua crença é equivocada, já que não é do tipo que pode ser certa ou errada. O "abduzido" pode, é claro, *pensar* que está certo e queixar-se de que tem "provas" indiscutíveis de seu ponto de vista, mas não cabe a ele decidir. Isso não significa que a opinião da maioria é sempre correta — jogos de linguagem não são um teatro de poder político —, pois poderíamos imaginar um abduzido conseguindo convencer um bando de americanos de que abduções por extraterrestres realmente acontecem. (De fato, segundo estatísticas correntes, isso é exatamente o que podem fazer e fazem.)

Problemas filosóficos surgem quando a "linguagem sai de férias", na expressão de Wittgenstein. Podemos ser "enfeitiçados" pelo nosso modo de falar, de tal modo que, quando digo que tenho um plano "em mente", começo a pensar na mente como uma caixa com conteúdos. Sou então tentado a fazer perguntas "sem sentido" ou "confusas", como "Onde esses conteúdos ficam guardados?" e "Onde se localiza a minha mente?" Uma das mais antigas confusões filosóficas que Wittgenstein identificou vem do pressuposto de que o sentido de uma palavra é o objeto a que ela se refere. Como essa foi a base do *Tractatus*, foi também uma das mais antigas confusões do próprio Wittgenstein. "Bucéfalo" parece referir-se ao corcel de Alexandre o Grande, e "Black Bess" ao cavalo montado por Dick Turpin. Assim, a que criatura a palavra "cavalo" se refere? A resposta de Platão foi que ela nomeava um cavalo perfeito que galopava pelos campos perfeitos de um mundo mais elevado. Outros pensadores sugeriram, mais sobriamente, que ela se refere a um objeto na mente, não a um objeto no mundo — refere-se à *ideia* de um cavalo. Mas se sentido é uma questão de uso e não de preferência, não é necessário que a palavra "cavalo" se refira a absolutamente nada, contanto que isso não nos impeça de usar o termo de maneira corriqueira. Para empregar uma metáfora wittgensteiniana, quando um arquiteto finca estacas no solo para lançar os alicerces de uma casa, não precisa atingir uma rocha sólida, apenas prover uma base firme o bastante para suportar a construção. Se a construção se sustentar, as bases são suficientemente boas.

Pode-se até permitir que elas se desloquem um pouco, se isso não comprometer a integridade da estrutura. De fato, nossa linguagem desloca-se muito ao longo do tempo. Novos tipos de jogos de linguagem surgem enquanto outros se tornam obsoletos ou são esquecidos. Como Wittgenstein diz: "Nossa linguagem pode ser vista como uma cidade antiga: um labirinto de ruelas e praças, e casas com anexos de vários períodos; e isso cercado por uma multidão de novos bairros com ruas regulares e retas e casas uniformes... E imaginar uma linguagem significa imaginar uma forma de vida."

Assim como não é fixo, o sentido tampouco é singular. Somos capazes de agrupar uma pletora de coisas diferentes sob o nome "cavalo", mesmo que elas não tenham uma só qualidade em comum. Bucéfalo, Black Bess, o Cavalo de Troia, e o cavalo de pau usado pelos ginastas não estão ligados por uma essência única e imutável, mas por certos "ares de família". Esses agrupamentos não são corretos ou incorretos: tudo que podemos dizer é que são ou não são usados pelos falantes em geral. Uma pessoa que esteja compilando um dicionário precisa adotar uma visão ampla dos diferentes tipos de cavalos, mas isso não impede uma comunidade de criadores de cavalos de raça de limitar sua definição à variedade em carne em osso para seus próprios propósitos. Noções de verdade e falsidade podem, portanto, ser estabelecidas dentro dos confins do jogo de linguagem equino, mas o próprio jogo não pode ser verdadeiro ou falso: ele é meramente jogado ou não jogado — assim como não há bons ou maus gêneros de ficção, apenas boas ou más obras dentro de um gênero. Não faz sentido dizer que ficção científica é melhor que policial, só que um livro pode ser boa ou má ficção científica ou bom ou mau policial. Podemos fazer essa apreciação porque há regras intrínsecas a cada jogo, pelas quais discernimos valor. Quando não há regras — como nas artes plásticas atualmente — não é possível imputar as qualidades "bom" e "mau". Não é que práticas como a arte contemporânea sejam desprovidas de valor, é apenas que valor (ou falta de valor) não é o tipo de qualidade que possa ser atribuído a seus produtos.

Wittgenstein compreendeu que a razão termina em ação, e que a explicação deve findar em descrição, ou simplesmente nunca terá fim. Quando tomamos decisões, por exemplo, escolhemos com base em fatores que não foram eles mesmos escolhidos por nós. E quando apresentamos razões para nossas ações, não podemos explicar uma razão por referência a outra, e depois a outra, e a outra *ad infinitum*. Mais cedo ou mais tarde chegaremos a algo que simplesmente "acontece" ou representa "o modo como somos". Mas o fato de nossos jogos de linguagem serem como são não é tão arbitrário quanto Wittgenstein sugere. Nossas práticas linguísticas — tal como nossas outras práticas — estão aí para nos ajudar a sobreviver em nosso ambiente, para nos ajudar a agir com sucesso ou promover nossos interesses. Elas evoluíram e adaptaram-se para corresponder às nossas necessidades, e faz sentido perguntar se um outro jogo poderia atender a essas necessidades de maneira mais eficiente. A questão é saber se essas necessidades são ou não da nossa conta, já que elas residem fora da linguagem em que Wittgenstein acreditava que estávamos aprisionados. Como de fato parecemos nos preocupar com elas — como o demonstra a existência de uma história do pensamento filosófico —, há razões para suspeitarmos que uma parte muito real de nós mesmos precede a linguagem. Essa é, no entanto, uma questão empírica, e não uma questão que Wittgenstein julgaria ser da seara dos filósofos. De todo modo, se é que os filósofos continuaram a fazer progresso desde a morte de Wittgenstein em 1951, foi em grande parte por não terem levado essa proibição muito a sério.

21. Os Bonecos de Popper

Como ser seu próprio melhor inimigo

Um dia um menino perguntou à mãe se seus brinquedos ganhavam vida quando a casa estava adormecida. Ela respondeu que isso era pouco provável, mas ele não ficou convencido e maquinou um plano para surpreender os brinquedos na brincadeira. Primeiro, ficou na cama de olhos bem fechados e ouvidos bem abertos para sons reveladores. Prendeu a respiração, mas não conseguiu escutar passinhos de minúsculos pés de plástico, muito menos os xilofones da *Suíte quebra-nozes*. Depois, fingiu ter adormecido e, de repente, pulou da cama e acendeu a luz. "Peguei!" gritou, mas os bonecos de pano e os soldadinhos de chumbo estavam imóveis. Hum, pensou, esses brinquedos são rápidos demais para mim. Instruiu então o cachorro a montar guarda a noite toda e latir se algum brinquedo chegasse sequer a estremecer. Rover ficou obedientemente acordado até de manhã, mas seu dono dormiu um sono só a noite inteira. Diante disso, o menino resolveu apelar para a tecnologia moderna e, na noite seguinte, instalou a filmadora nova em folha da família diante da caixa de brinquedos. Na manhã seguinte, mais uma decepção: o filme só revelou as poses imóveis dos soldados e as expressões fixas dos bonecos. Quando discutiu o assunto com a mãe durante o café da manhã, ela lhe informou que na sua casa era proibido armar arapucas e que ele teria de esperar o Natal se quisesse mandar instalar sensores de infravermelho. Nesse caso, concluiu o menino, dali em diante sua caixa de brinquedos ficaria trancada.

O filósofo sir Karl Popper teria muitos conselhos a dar a esse menino, embora tendesse a ter pouca paciência com os comportamentos infantis no mundo adulto. Popper nasceu em 1902 em Viena. Quando estudante, entusiasmou-se com as ideias de Marx, então na crista da onda, e com as teorias psicanalíticas de Freud e Adler. Em 1919, no entanto, ao assistir a uma palestra sobre relatividade dada por Einstein, seus gostos intelectuais sofreram uma transformação. Popper percebeu que Einstein era dotado de um espírito crítico que estava inteiramente ausente do pensamento de Marx e Freud. Enquanto estes dois estavam, pensou Popper, ávidos por confirmar suas teorias, Einstein era corajoso o bastante para delinear uma hipótese passível de refutação. Sem o acompanhamento usual de uma volumosa literatura de casos comprobatórios, a teoria da relatividade fazia predições claras que podiam ser testadas e, caso se revelassem incorretas, refutadas. Esse espírito crítico impregnou as aventuras de Popper em campos tão diversos quanto a mecânica quântica e a teoria evolucionária, e deu forma à sua notável refutação do marxismo, *A sociedade aberta*, publicada em 1945. Como tantas vezes ocorre, as ideias políticas de Popper estavam em curioso desacordo com sua maneira habitual de lidar com as pessoas: não tolerava nenhuma evasiva em discussões. Um visitante americano que frequentou um dos seminários do filósofo comparou a experiência com um comparecimento perante o House Un-American Activities Committee.* O filósofo Bryan Magee (1930-) disse que sua primeira impressão mais marcante de Popper foi a de uma agressividade intelectual como nunca vira. Magee acrescentou que o grande homem lhe lembrava um maçarico, pelo menos até suavizar-se com a idade. Até os amigos mais chegados de Popper reconheciam que, apesar de suas ideias políticas liberais, ele parecia incapaz de aceitar diferenças de opinião. Enquanto isso, como professor de lógica e método científico na London School of Economics, Popper ganhou entre estudantes e colegas a alcunha de "o liberal totalitário". Em sua defesa poderia ser dito que, se não praticava o pluralismo e a tolerância que pregava, era por estar agindo em conformidade com suas ideias filosóficas mais amplas. Popper chegou a ensinar que o importante, o que deveria nos preocupar, não era que nossas ideias

* Também conhecido como House Committee to Investigate Un-American Activities, foi fundado em 1938 para descobrir infiltração nazista. Nas décadas de 1940 e 1950 teve intensa atividade na perseguição a pretensos comunistas.

fossem comprováveis, mas que fossem refutáveis. Coerentemente, canalizava sua ferocidade mais para abalar as ideias dos que discordavam dele do que para sustentar dogmaticamente as próprias opiniões.

Popper percebeu que aqueles que buscam provas para suas teorias parecem fadados a nunca ficar satisfeitos. Segundo a visão tradicional, no entanto, é assim que a ciência opera — pelo método da indução. O cientista observa o mundo à sua volta e percebe padrões e regularidades. Procura então elaborar uma teoria que explique esses fenômenos e preveja outros semelhantes. Em uma visita a um lago, um zoólogo poderia notar que todos os cisnes que vê calham de ser brancos. Formula então a hipótese de que todos os cisnes são alvos como a neve, e sua teoria ganha mais crédito cada vez que ele observa mais um cisne branco. Lamentavelmente, para confirmar sua teoria ele precisaria observar todos os cisnes vivos. Segundo a argumentação de Popper, o zoólogo empregaria melhor o seu tempo saindo à procura de um cisne preto — pois se existir uma ave dessa cor, sua teoria é falsa, mesmo que ainda encontre dez ou dez mil cisnes brancos. A marca distintiva de uma teoria científica, portanto, deveria ser não o fato de ter sido comprovada (pois isso é impossível), mas o fato de ter resistido a rigorosas tentativas de refutação. Se não fosse possível encontrar nenhum cisne preto, o zoólogo poderia considerar sua teoria corroborada até aquele momento. As teorias científicas são, portanto, criaturas provisórias que persistem enquanto provas conclusivas em contrário não se apresentam.

Embora a ausência de prova em contrário possa ser o máximo que a ciência pode ostentar, Popper afirmou que o desempenho de "pseudociências" como o marxismo e a psicanálise freudiana é muito mais deplorável. A astrologia, por exemplo, faz previsões convenientemente tão vagas que sua falsidade nunca pode ser provada, aconteça o que acontecer. Há uma velha piada sobre um homem que investigava uma conspiração internacional e que, perguntado sobre o que havia descoberto, responde: "Absolutamente nada, infelizmente — eles são espertos demais." No caso de uma teoria que supostamente diz respeito ao mundo real, no entanto, é razoável esperar que um mundo em que ela fosse correta seria diferente de um em que ela fosse incorreta. Se perguntássemos ao paranoico como seria o mundo se não houvesse nenhuma conspiração internacional, ele teria de admitir que seria exatamente o mesmo. Sua sanidade é duvidosa não porque sua crença é falsa, mas porque sua teoria não tem conteúdo substancial. Poderíamos até admitir que o paranoico está propondo algo de fato verdadeiro. Mas o que exatamente ele *está* propondo? Poderíamos esperar que algum conspirador tentasse silenciá-lo, mas se nunca é atacado ou subornado, ele pode simplesmente pensar que os conspiradores estão esperando a hora certa. Poderíamos grampear as linhas telefônicas dos suspeitos para flagrá-los em uma tentativa de influenciar os mercados financeiros, mas caso ouvíssemos apenas conversas inocentes, o paranoico poderia desconfiar de que eles estavam usando outros meios. De uma maneira ou de outra, eles devem estar usando *algum* meio. E se o paranoico duvidar de que a investigação foi corretamente realizada, terá de especificar que métodos alternativos serão necessários.

No fim das contas, teremos esgotado todos os modos pelos quais os suspeitos *poderiam* estar conspirando. Se nenhuma observação hipotética pudesse jamais fazer o paranoico mudar de ideia, temos de concluir que sua teoria, seja ela verdadeira ou falsa, não parece descrever nenhum estado de coisas fora de sua própria mente. O exemplo mostra que quanto menos uma teoria admite uma situação em que ela poderia ser refutada, menos ela consegue dizer sobre o mundo. Isso significa que, antes de poder ser considerada respeitável, uma teoria deve fazer previsões e arriscar-se a ser refutada. Quanto menos uma teoria admite cenários que a refutem, mais seu conteúdo tende a ser nulo. Muitas ideias correntes não podem ser refutadas, mas na maioria dos casos isso não é causa de preocupação. Por exemplo, não temos na prática nenhum meio de concluir que não há vida fora de nosso sistema solar, e por mais mundos estéreis que descubramos, nunca seremos capazes de inspecionar todos os rincões do universo. A crença em extraterrestres continua tendo sentido, porque uma identificação positiva no futuro continua sendo possível, por mais improvável que seja. Uma ideia que não pode ser refutada nem teoricamente, no entanto, é uma ideia que não consegue dizer coisa alguma sobre o mundo, embora muitas vezes, segundo Freud, tenha muito a dizer sobre quem a expressou.

A teoria da criança sobre seus brinquedos chega perigosamente perto desse ponto e de fracassar no teste da refutabilidade. O menino pode continuar a sustentar que os bonecos são tão espertos que seus movimentos escapam a todos os métodos de detecção, mas os brinquedos não podem ganhar vida sem criar um meio pelo qual ela seria revelada. Cada vez que escapam a novo método de detecção, eles causam menos impacto em seu ambiente. Esse processo pode continuar até que os brinquedos tenham tanto êxito em seu subterfúgio que, de fato, não se movam em absoluto. Se a crença em seu movimento não admite nenhuma possibilidade de refutação, podemos perguntar: de que consiste seu movimento? Movimento que não produz nenhum som e não pode ser detectado por câmeras, nem por quaisquer outros métodos, não pode ser movimento da maneira como o entendemos.

O mesmo pensamento proporciona uma resposta para um conhecido enigma filosófico: Se uma árvore cai em uma floresta e ninguém a ouve cair, terá ela produzido um som? Pode-se resolver o problema simplesmente formulando outras perguntas. Se ninguém a viu cair, terá sua queda aparecido? Se ninguém a sentiu cair, terá sua queda tido um impacto? Se a resposta a todas essas perguntas for não, logo estaremos a pensar como diabos a árvore realmente caiu, já que queda consiste de coisas como pancadas ruidosas. É como se estivéssemos tentando descrever um "pato" que não tivesse bico, nem penas, nem pés, nem asas, mas mesmo assim continuasse a ser um pato. Se lhe faltam esses atributos, e se ele também não anda como um pato nem grasna como um pato, não é um pato. De maneira semelhante, já que admitimos que a árvore caiu, deveríamos também admitir que a queda produziu um som, uma imagem e teve um impacto.

22. A Universidade de Ryle

Quando as coisas são mais do que a soma de suas partes

O filósofo e matemático alemão Gottfried Leibniz (1646-1716) afirmou em sua obra de 1714, a *Monadologia*, que a mente humana não pode ser explicada em termos puramente físicos ou mecânicos:

> Ao imaginar que existe uma máquina cuja construção lhe permitiria pensar, sentir e ter percepção, poderíamos imaginá-la ampliada, embora conservando as mesmas proporções, de tal modo que pudéssemos entrar nela, tal como num moinho. Supondo isto, encontraríamos, ao visitar seu interior, apenas partes empurrando-se umas às outras, e nunca alguma coisa pela qual explicar uma percepção. É, portanto, na simples substância, e não no compósito ou na máquina, que devemos procurar pela percepção.

De maneira análoga, poderíamos imaginar que se um cérebro se expandisse até o tamanho do moinho de Leibniz, com células e vasos sanguíneos adquirindo as dimensões de mós e cubículos, procuraríamos em vão entre seus componentes e corredores pela alma que nos anima. Mas poderia ela estar de fato por toda parte à nossa volta — em nada mais nada menos que na complexidade da própria estrutura? Esse pensamento foi retomado pelo filósofo inglês Gilbert Ryle na década de 1940.

Nascido em Brighton em 1900, Ryle foi um dos dez filhos de um médico que era também filósofo amador. Em contraste com Leibniz, Ryle era um fracasso em matemática. Foi educado sobretudo nos clássicos, embora tenha também aprendido sozinho italiano, alemão e francês. Exceto por um período em que trabalhou nos Serviços de Informações, durante a Segunda Guerra Mundial, Ryle passou toda a sua vida adulta na Universidade de Oxford. Nas décadas de 1920 e 1930, muitos filósofos, especialmente na Inglaterra, convenceram-se de que os problemas tradicionais da filosofia eram linguísticos em sua origem. Como tais, precisavam ser desemaranhados mediante uma rigorosa análise da gramática. Como estudante e professor auxiliar em Oxford, Ryle era típico das legiões vestidas de *tweed* e com cachimbo na boca que surgiram em meados do século XX para eliminar a confusão gramatical — ou metafísica, como diziam que ela era conhecida. Tendo passado três anos afiando suas ferramentas analíticas, Ryle decidiu na década de 1940 que chegara a hora de aplicá-las a "um nó górdio adequado". O problema sobre o qual acabou se detendo foi a natureza da consciência, e seus pensamentos sobre o assunto foram explicados em sua obra seminal, *The Concept of Mind* [O conceito da mente], em 1949. Ao fazer a crítica do livro, o filósofo J.L. Austin (1911-1960) escreveu: "Não só o livro é estimulante, agradável e original, como uma percentagem inusitadamente alta dele é verdadeira."

Segundo Ryle, a "doutrina oficial" da consciência, codificada por René Descartes, sustentava que todo ser humano tem um corpo e uma mente. De acordo com a teoria de Descartes, os corpos humanos são objetos físicos no espaço, sujeitos às leis mecânicas que governam todos esses objetos. As mentes, no entanto, não estão no espaço. Tampouco estão suas operações sujeitas a leis mecânicas. Isso supostamente não as impede de invadir o mundo físico. Através do exercício do livre arbítrio, a mente não física pode afetar o corpo. A alma, Descartes afirmou, não pode ser explicada em termos de nossos corpos físicos. Nem mesmo, sustentaram seus sucessores, pelo funcionamento de um processo bioquímico dentro do cérebro. A consciência humana é, isto sim, o domínio de uma substância não física que é distinta da matéria comum. Ryle zombou dessa concepção chamando-a o "dogma do fantasma dentro da máquina".

Na visão de Ryle, a ideia de Descartes não era fundamentalmente diferente de algumas de suas rivais materialistas. Eram todas abordagens redutivas; a diferença é que Descartes desejara reduzir as operações da mente a uma única substância etérea em vez de a uma substância física. No entanto, quando tentamos explicar a mente, não estamos limitados a invocar seja ectoplasma ou um elemento ainda não descoberto a ser inserido na tabela periódica. Operar qualquer dos dois tipos de reducionismo é cometer o que Ryle chama um "erro de categoria". Ele ilustra esse erro com vários exemplos. Imagine um estrangeiro que visita Oxford pela primeira vez e participa de uma visita guiada pela universidade. Depois que lhe mostram as faculdades, as quadras esportivas, as bibliotecas, os escritórios administrativos, o homem pergunta: "Mas onde está a universidade? Vi onde moram os membros das faculdades, onde funciona o setor administrativo, onde os cientistas fazem experiências e o resto. Mas ainda não vi a universidade onde residem e trabalham os membros da universidade de vocês." É preciso então explicar-lhe que a universidade não é um componente extra em adição às faculdades, laboratórios e escritórios que viu, mas o modo como eles se organizam. O erro do estrangeiro foi falar da universidade como se ela estivesse na mesma categoria ou nível de organização que as instituições individuais que visitara.

Em um outro exemplo, Ryle fala de um estrangeiro assistindo a seu primeiro jogo de críquete. Ele consegue aprender as funções dos arremessadores, dos rebatedores, dos *fielders*, dos marcadores e do juiz. Surpreendentemente, o espectador só não entende uma coisa: "Parece que não sobra ninguém no campo", ele se queixa, "para colaborar com o famoso espírito de equipe. Vejo quem lança, quem bate e o guarda-meta; mas não vejo quem tem o papel de exercer o *esprit de corps*." Teria sido necessário explicar que o espírito de equipe não é uma atividade especializada como arremessar ou rebater, mas a atitude com que essas atividades são exercidas. Rebater entusiasticamente, digamos, é realizar uma única tarefa, não duas. O ponto importante é que, embora exercer espírito de equipe não seja o mesmo que simplesmente rebater ou arremessar, tampouco é uma terceira coisa realizada separadamente. De maneira semelhante, pensar que a mente é uma coisa não física é cometer um erro de categoria porque a mente, estritamente falando, não é uma "coisa" em absoluto. É, isto sim, um fenômeno que emerge de uma organização de coisas.

Ryle estava expondo um erro semântico, não um erro metafísico, mas poucas pessoas são receptivas à ideia de que suas crenças mais valiosas podem ser o resultado de uma distorção do sentido das palavras. Mesmo quando reconsideramos crenças, não fazemos isso com base em uma gramática melhorada. Costumamos ver erros gramaticais como consequências e não como causas de crenças errôneas. O turista estrangeiro dos exemplos de Ryle poderia ser rapidamente corrigido por um morador do lugar. Mas é pouco provável que alguém que creia na alma cartesiana pudesse ser convencido de seu suposto erro tão facilmente. Nenhum cartesiano jamais deu um tapa na testa e exclamou: "Mas que bobagem a minha!" ao ser informado de que cometera um erro de categoria. Acusá-lo de tal erro seria insultar sua inteligência. Apesar disso, a apreensão holística empregada por Ryle em seus exemplos é indispensável.

A complexidade da mente está tão divorciada de seus componentes mais simples que ver esses componentes como espirituais em vez de físicos de fato não nos ajuda. Muito mais útil é reconhecer o que cientistas e filósofos chamam de "emergência". Propriedades emergentes são características ou estados que só ocorrem quando algo atinge certo nível de complexidade. Esse "algo" pode ser um elemento químico, um organismo biológico, uma sociedade ou até uma imagem. Se examinadas suficientemente de perto, fotografias de jornal podem ser vistas como feitas de minúsculos pontos pretos. A imagem do presidente Bush, digamos, que emerge desses pontos é uma propriedade da organização desses pontos. Seria fora de propósito procurar o presidente Bush em qualquer dos pontinhos individuais. Juntos, eles compõem esse retrato, ainda que cada ponto não seja ele mesmo um micropresidente. Assim também, a maioria dos neurocientistas não sai à procura da consciência em células cerebrais individuais. A consciência e outros sistemas possuem propriedades que os componentes das células cerebrais não possuem por si mesmos. Em outras palavras, o sistema é mais que a soma de suas partes. O que conta é o arranjo dessas partes. Se a organização se desintegra, a propriedade emergente é perdida: não haveria nenhuma Universidade de Oxford se suas faculdades fossem dissociadas umas das outras.

Em tempos passados, foi tentador para os cientistas imaginar que havia uma substância diferente para cada tipo de fenômeno. No final do século XVII, o químico e médico alemão Johann Becher (1635-1682) propôs que o fogo era o "flogístico" liberado dos materiais pela combustão. No século

XVIII, o químico e físico britânico Joseph Black (1728-1799) afirmou que o calor era resultado do "calórico" que fluía para dentro de um objeto à medida que ele se aquecia e saía quando ele esfriava. Outros cientistas tentaram explicar a própria vida recorrendo a "fluidos vitais". Descartes mesmo acreditava que fluidos vitais moviam o corpo hidraulicamente. O calor de uma chama deslocaria a pele da mão, que por sua vez daria um puxão em um fio que ia até a glândula pineal, no cérebro. Com isso se abriria uma válvula que liberaria fluidos vitais por um tubo abaixo para inflar os músculos do braço e afastar a mão da chama. Hoje poucos cientistas acreditam na existência de substâncias como fluidos vitais, pois os fenômenos que tentam elucidar podem ser explicados sem a ajuda deles — pelos efeitos de processos naturais envolvendo átomos, moléculas, neurônios e receptores.

Se admitimos que a consciência é uma propriedade emergente do cérebro, enfrentamos um outro problema que Descartes estava tentando evitar com sua teoria dualista. Isto é, se a existência da mente depende em última instância de matéria física comum, ela deveria ser incapaz de exercer o livre arbítrio. Isso porque, afirma-se, causa e efeito operam no nível microscópico e não no nível macroscópico em que a consciência emerge. Se um estado holístico — como uma fotografia do presidente Bush — nos faz lembrar de um dos discursos dele, isso ocorre apenas porque os átomos na superfície da fotografia rebatem fótons de luz na nossa retina, que então envia certa combinação de impulsos nervosos pelo nosso cérebro. As leis da física não reconhecem estados organizados, como imagens. Operam apenas em unidades como átomos e fótons. O universo, como tal, poderíamos dizer, não tem conhecimento de que certas vibrações de moléculas são as doutas palavras do presidente Bush, ou mesmo de que o presidente Bush existe. A ideia que se tem é que a causação opera de baixo para cima. Isto é, que eventos no nível microscópico podem ter efeitos indiretos mais acima na escala de organização, mas eventos em um nível superior dessa escala não podem fazer coisa alguma acontecer no nível mais baixo. Isso não é depreciar os talentos retóricos do presidente, apenas assinalar que suas palavras só podem ter algum efeito, fazer com que alguma coisa aconteça, em virtude de suas propriedades físicas mais simples. Toda causação deve operar em termos de átomos e coisas semelhantes e, se é assim, o fato de certos arranjos de átomos constituírem consciência é secundário. Os filósofos chamam esses estados "epifenomênicos", querendo dizer que eles podem ser causados mas não podem eles próprios causar coisa alguma. Essa é uma forma curiosa de impotência, análoga à de alguém que é golpeado pelos eventos à sua volta mas não pode, ele próprio, produzir a menor diferença nas circunstâncias que o envolvem. Condenados dessa maneira, estados emergentes como a consciência não desempenhariam realmente os importantes papéis que lhes atribuímos, como fazer escolhas. Ao contrário, seria como uma plateia que não pode participar do espetáculo (seu próprio espetáculo, de fato). Nos termos da analogia de Ryle, as atividades das diferentes faculdades de Oxford podem afetar a situação da universidade como um todo, mas a situação da universidade não é o tipo de coisa que pode então, por sua vez, afetar as atividades das faculdades.

Essa concepção é uma outra variante do reducionismo de substância que Ryle quis abolir. Em vez de recorrer a almas ou matéria inerte, temos agora uma forma mais arcana de matéria a que todas as coisas — inclusive a consciência — devem ser reduzidas. Essa terceira substância é bem diferente da matéria como a conhecemos na forma de corpos e rochas. É diferente até de átomos, já que os próprios átomos podem ser divididos em partículas subatômicas. Trata-se, de fato, de uma substância mítica. O fantasma dentro da máquina pode ter sido exorcizado, mas temos agora um fantasma de verdade no interior do átomo. Segundo a teoria quântica, simplesmente não existem partículas, muito menos partículas a que todas as coisas mais complexas pudessem ser reduzidas. O que vemos como partículas seria provavelmente mais bem descrito, dizem-nos os físicos, como padrões de excitação em campos quânticos. Esses campos e suas atividades parecem ter, irredutivelmente, o caráter de padrões, uma vez que nada mais são que seus arranjos — sua própria existência consiste em suas configurações.

Isso não significa, contudo, que toda propriedade que poderíamos ver como emergente faz jus a essa descrição. No século XIX, ao discutir a emergência, o filósofo John Stuart Mill identificou as reações químicas como processos que eram mais que a soma de cada reagente. Hoje, com uma compreensão melhor da química, podemos explicar reações exclusivamente em termos do movimento de elétrons de um átomo para outro. Não podemos saber se a noção de estados mentais como fenômenos emergentes terá um dia o mesmo destino. O que podemos dizer, porém, é que isso não terá necessariamente muita importância. No caso, talvez não precisemos rever a maneira como falamos, ou até a maneira como filosofamos, sobre coisas como emoções e livre arbítrio. Tome, por exemplo, a questão de por que gostamos de música. Uma sugestão é que sons abstratos talvez se assemelhem às cadências da voz de nossa mãe de que lembramos da infância. Outra é que o movimento ritmado é análogo ao movimento de nossos corpos quando empenhados em atividades estimulantes como sexo ou caça. É possível também que a música nos lembre o céu, onde era constantemente tocada enquanto esperávamos na antecâmara celeste, antes de nascer. Até onde vão, essas teorias descrevem nosso gosto pela música como uma propriedade emergente que depende de certo nível de organização. Tanto nos termos da teoria redutivo-materialista quanto nos da neocartesiana, elas são puro disparate. O materialista diria que o gosto pela música é um certo estado cerebral causado por certas vibrações nas moléculas do ar. Enquanto isso, quem acredita em almas expressaria uma ideia semelhante em termos de suas próprias substâncias etéreas.

Portanto, a questão é: sobre o quê, para início de conversa, esses dois pensam que estamos falando? O prazer que experimentamos ao ouvir uma sinfonia pode ser causado por vibrações no ar, mas isso não significa que essas vibrações não sejam ao mesmo tempo uma sinfonia. Explicações no nível das sinfonias serão igualmente válidas para seus próprios fins. Inversamente, se o prazer que elas causam for verdadeiramente redutível a um padrão neural no cérebro, não seria correto dizer que o prazer é epifenomênico de uma maneira que o padrão cerebral não é. Se emoções e certos padrões neurais forem de fato a mesma coisa, então o medo, a raiva e o desejo serão perfeitamente capazes de nos fazer agir. Por sua vez, as escolhas que fazemos livremente em resposta a essas emoções são igualmente efetivas se forem idênticas à descarga de neurônios que movem nossos membros. Ironicamente, fica claro que a busca de proteger a integridade de nossas emoções identificando-as como propriedades emergentes foi exatamente o que as levou a serem consideradas epifenomênicas, capazes de sofrer influência mas não de exercê-la. Por muito tempo, o materialismo redutivo foi considerado uma ameaça aos poderes e à importância do sentimento e do pensamento conscientes, mas quando a mente é reduzida a seus constituintes ela adquire todos os seus poderes causais desses constituintes. Bastaria engolir a pílula materialista reducionista e poderíamos ter nosso livre arbítrio de volta.

Afinal de contas, talvez não exista algo como uma propriedade verdadeiramente emergente, uma propriedade que nunca possa ser inferida a partir de seus componentes. Nesse caso, a emergência seria meramente uma qualidade que atribuímos a fenômenos que ainda não compreendemos. Até lá, porém, a emergência é a razão por que precisamos da química, da biologia e da psicologia em vez de apenas da física para compreender a vida.

23. A MÁQUINA DE TURING

Computar o impensável

Certa vez, durante um sermão, o capelão da escola do jornalista Miles Kington pediu aos alunos que imaginassem a seguinte história. Durante a Segunda Guerra Mundial, as defesas aéreas da Alemanha começaram a impor perdas potencialmente ruinosas às tripulações dos bombardeiros da Real Força Aérea britânica (RAF). O Comando dos Bombardeiros teve a brilhante ideia de rebocar bombardeiros falsos como iscas atrás das aeronaves verdadeiras. Essas iscas eram armações de madeira compensada, mas no céu noturno podiam ser facilmente tomadas pelos Lancasters e ajudar a atrair a artilharia antiaérea, desviando-a dos bombardeiros reais. A manobra funcionou até que os artilheiros alemães aprenderam a distinguir os falsos Lancasters dos verdadeiros por seu formato. Em resposta, foram construídas iscas mais convincentes, que, de fora, pareciam exatamente iguais aos aviões de verdade. Mais uma vez, o plano funcionou até que os alemães inventaram uma maneira de distinguir os bombardeiros reais pela marca de calor produzida por seus motores. Foi preciso, então, equipar os falsos aviões com motores. Não demorou muito e também estes foram identificados, pois rádio-operadores no solo conseguiram detectar que os aviões-isca não enviavam nem recebiam transmissões. Finalmente, a RAF foi obrigada a tornar suas iscas perfeitas e, a essa altura, se deu conta de que eram perfeitamente capazes de transportar bombas e participar do combate. De fato, as últimas iscas eram tão realistas que já não eram em absoluto iscas, mas verdadeiros bombardeiros Lancaster.

Um filósofo poderia dizer que se uma coisa imita outra perfeitamente, torna-se na realidade aquela coisa. O homem comum expressaria isso de outra maneira: se a coisa anda como um pato e grasna como um pato, é um pato. O pensamento por trás disso é que a função é decisiva — uma coisa é definida pelo que faz ou é capaz de fazer. Embora gostem de aplicar essa ferramenta a patos, filósofos e leigos em geral esquivam-se de analisar seres humanos dessa maneira. Os seres humanos não são apenas o que fazem — têm também vidas interiores. As pessoas podem andar e falar, mas isso, teoricamente, zumbis ou autômatos também podem. O que nos distingue desses simulacros é a posse de mentes conscientes. Mas talvez não estejamos fazendo justiça a nossos rivais. Que aconteceria se deparássemos não com os espíritos malignos irremediavelmente pouco convincentes ou com os robôs desajeitados dos filmes de ficção científica, mas com criaturas que fossem para os todos os efeitos indistinguíveis de pessoas reais? Foi para esta pergunta que o cientista da computação Alan Turing propôs uma resposta interessante.

Turing nasceu em Londres em 1912, filho de um administrador imperial na Índia. Passou a infância com o irmão mais velho em vários lares adotivos na Inglaterra enquanto os pais permaneciam no exterior. Seu interesse por ciência parece ter começado quando lhe deram um livro intitulado *Maravilhas naturais que toda criança deveria conhecer.* Afora isso, tudo indica que não recebeu muitos estímulos nessa direção, especialmente da mãe, que temia que seu pendor científico não fosse visto com bons olhos em uma escola secundária particular inglesa. Os temores da sra. Turing foram confirmados quando o diretor da Sherborne School comunicou-lhe no devido tempo que seu filho estava "perdendo o seu tempo" ali. Mesmo assim, o menino encontrou um companheiro intelectual em Sherborne na pessoa de Christopher Morcom, um ano mais adiantado que ele. A morte prematura de Morcom, acometido de tuberculose, em 1930, privou Turing de sua companhia, mas parece ter também plantado nele uma curiosidade intelectual referente à mente humana — teria a mente do amigo sobrevivido à morte de seu corpo? Em vez de procurar a resposta na especulação filosófica, Turing a buscou na física e na matemática.

Na Universidade de Cambridge, Turing começou a investigar a essência do cálculo. Julgava tratar-se de um processo de pensamento relativamente maquinal, que uma máquina que seguisse certas regras poderia levar a cabo tão bem quanto um ser humano, ou melhor. Por exemplo, seria possível projetar uma máquina capaz de calcular os fatores de um dado número. Outra capaz de pôr em prática as regras do xadrez. Turing compreendeu que não era necessário ter máquinas diferentes para seguir cada conjunto de regras. Imaginou uma máquina "universal" que consistiria de um cabeçote sob o qual seria passada uma fita contendo uma série binária de zeros e uns. O cabeçote seria capaz de ler e escrever esses dígitos e passar para outros pontos da fita segundo as regras de seu programa. Dado um tempo suficiente e uma fita grande o bastante, a máquina poderia, teoricamente, calcular a resposta para qualquer problema que pudesse ser expresso em código binário. Se essa máquina não pudesse resolver determinado problema, é que ele seria insolúvel por qualquer máquina que seguisse as regras mecânicas da lógica. A máquina universal foi o precursor teórico dos computadores de hoje.

A pesquisa de Turing foi de grande ajuda para a causa aliada durante a Segunda Guerra Mundial. As transmissões em código enviadas pelas forças armadas alemãs eram embaralhadas com o uso das lendárias máquinas Enigma. Esses aparelhos, que pareciam humildes máquinas de escrever, eram capazes de codificar uma mensagem neles digitada em alemão com um código considerado inviolável. Em 1943, no centro secreto de decifração em Bletchley Park, Turing e seus colegas montaram o Colossus, a única máquina que conseguiu derrotar o Enigma. Embora composto de válvulas e tubos de vácuo, em vez dos circuitos eletrônicos dos microprocessadores de hoje, o Colossus trabalhava em dígitos binários e, em um segundo, era capaz de escanear 25.000 caracteres de uma mensagem codificada em busca de regularidades e encontrar uma chave. A máquina foi refinada a tal ponto que decodificar um despacho oficial passou a ser uma questão de minutos. Em uma época em que a perda de navios poderia obrigar a Grã-Bretanha a se retirar da guerra por causa da fome, a decifração do código Enigma permitiu aos Aliados seguir a pista de cada submarino alemão no oceano Atlântico.

São poucas as pessoas de quem se pode dizer que deram contribuição tão significativa quanto a de Alan Turing para a vitória aliada. Mas, enquanto criminosos de guerra permaneciam livres na América do Sul, o criador do Colossus foi perseguido em sua pátria. Em 1952 foi preso por manter um relacionamento homossexual com um rapaz de Manchester. Turing não tentou negar seus atos, mas afirmou que nada havia de errado neles. Foi julgado e condenado e, em lugar de um ano de prisão, foi submetido a um tratamento com injeções de estrogênio destinado a reduzir a libido de "pervertidos" sexuais. Como, por motivo de segurança, o acesso a informações sigilosas era vedado a pessoas reconhecidamente homossexuais, ele foi também obrigado a abandonar seu trabalho de decifração de códigos para o governo. Dois anos depois, apesar de sua rebeldia aparente, Turing foi encontrado morto, envenenado com cianeto. Sua mãe acreditou em um acidente — a seu ver a maçã comida pela metade ao lado de sua cama mostrava que o veneno permanecera nos dedos do filho depois de um experimento de química. Talvez ele tivesse desejado que ela acreditasse nisso mesmo, mas o veredito do magistrado encarregado do caso foi suicídio. O legado de Turing, e o de Bletchley Park, foi a revolução mundial do computador do final do século XX.

Um dia, Turing acreditava, os descendentes do Colossus possuiriam mentes, no mesmo sentido em que os seres humanos as possuem. Uma máquina sofisticada o bastante, programada com as regras corretas, seria capaz de reproduzir o processo do pensamento humano mediante a força bruta do cálculo. Na opinião de Turing, isso funcionava no sentido oposto também: "Um homem munido de papel, lápis e borracha, e submetido a uma disciplina rigorosa, é", ele disse, "para todos os efeitos, uma máquina universal." Não havia nenhuma diferença, sustentou, entre os processos de pensamento e a natureza do próprio pensamento. O cerne da ideia é que pensar é calcular, de uma maneira ou de outra. Turing inventou um teste simples para a consciência — hoje conhecido como teste de Turing —, pelo qual achava que podia resolver a questão, caso uma máquina tão sofisticada viesse a ser produzida. Propuseram-se muitas variantes do teste de Turing, mas todas se baseiam em um computador capaz de convencer um ser humano de que era, de fato, um outro ser humano. Um ser humano e um computador seriam postos em salas diferentes e uma outra pessoa seria autorizada a fazer perguntas aos dois sem chegar a vê-los. Suponhamos que se comunicariam por e-mail, e não por telefone, já que o sotaque sintético do computador poderia denunciá-lo de imediato. Se o inquiridor não fosse capaz de distinguir qual deles era o ser humano, a máquina teria sido aprovada no teste de Turing e possuiria uma mente. "No fim do século", Turing escreveu, "o uso das palavras e a opinião educada em geral terão mudado tanto que se poderá falar de máquinas que pensam sem a expectativa de ser contestado." Estamos agora no século XXI, e nenhuma máquina chegou sequer perto de ser regularmente aprovada no teste de Turing. Computadores podem ter batido o campeão mundial de xadrez, mas o vitorioso programa Deep Blue continua incapaz de manter uma conversa banal com um ser humano adulto. Isso não significa, porém, que nenhuma máquina será jamais aprovada no teste.

A questão é: seria a máquina consciente, mesmo que, de fato, passasse no teste de Turing? O próprio Turing escreveu: "Acredito que a questão 'Máquinas podem pensar?' é sem sentido demais para merecer discussão." Na Universidade de Cambridge, ele frequentara seminários de Ludwig Wittgenstein. Embora esses encontros se concentrassem na filosofia da matemática, o filósofo austríaco era da opinião de que a vida supostamente privada, interna, da mente permanece requerendo critérios externos. Isso quer dizer que, a menos que suas qualidades pudessem ser manifestadas publicamente, não poderíamos falar na mente de nenhuma maneira que fizesse sentido. Nesse caso, os critérios para o pensamento consciente estabelecidos no teste de Turing não seriam apenas suficientes, seriam aquilo mesmo de que a consciência de fato consiste: comportamento linguístico inteligente. Assim, depois que uma máquina passasse no teste, não haveria necessidade de qualquer discussão adicional. Na vida cotidiana, acreditamos que nossos semelhantes são conscientes, e não meros autômatos, porque eles estão constantemente passando no teste de Turing. Se observássemos suas ações e falas e depois perguntássemos "Mas são eles conscientes?", não teríamos mais nenhum critério adicional, além dessas ações e falas, pelo qual essa pergunta poderia ser resolvida. É simplesmente parte das regras de nossa linguagem e compreensão o fato de que comportamento e fala inteligentes sejam iguais a consciência.

Essa argumentação nega que haja uma diferença entre aparência e realidade quando se trata do uso da linguagem. No entanto parece haver de fato uma diferença, a julgar pela história que o filósofo americano John Searle conta sobre a sala chinesa. Searle (1932-) imaginou uma sala e nela um homem que não entende patavina de chinês. Através de uma caixa coletora, o homem recebe perguntas escritas em caracteres chineses e as responde procurando-as em uma tabela e transcrevendo os símbolos indicados pela tabelas como sendo a resposta apropriada. Em essência, é o que faria um computador que aparentemente "entendesse" chinês. Por essa lógica, assim como o homem na sala, tampouco o computador entende inglês. O que se quer mostrar é que ambos estão funcionando meramente como manipuladores maquinais de símbolos.

É possível que Searle esteja procurando a compreensão no lugar errado. O homem na sala pode não entender chinês, mas talvez o homem *e* as tabelas na sala, tomados como um sistema, entendam. É a sala em sua totalidade que deveria ser vista como o usuário da linguagem caso se queira fazer uma analogia precisa com um computador capaz de processar símbolos. Assim como não localizamos o entendimento em uma parte específica do cérebro de um falante do chinês, não podemos esperar que o entendimento resida na CPU do computador. Embora o todo, seja pessoa ou máquina, possa entender chinês, qualquer parte específica dele talvez não pudesse. A réplica de Searle é imaginar que o homem na sala decorou as tabelas. Assim, todo o sistema estaria internalizado — e apesar disso, ele continuaria não entendendo chinês.

Muitas pessoas parecem falar sua segunda ou terceira línguas dessa maneira. Enquanto uma criança chinesa fala sua língua fluentemente, outras que aprendem a língua tarde na vida podem precisar pensar primeiro em sua língua enquanto constroem falas em chinês na cabeça antes de pronunciá-las. Apesar dessas dificuldades, seria injusto dizer que não entendem absolutamente nada de chinês. Elas possuem, porém, algo que falta ao homem na sala chinesa; a saber, um conhecimento das coisas no mundo a que os caracteres chineses se referem. Longe de solapar a argumentação de Searle, o isolamento da sala chinesa na verdade a reforça. Mostra que a cognição é mais que a manipulação de puros símbolos de que as máquinas de Turing são capazes. Mas isso não significa que computadores nunca serão capazes de pensar; significa apenas que, para fazê-lo, teriam de operar de maneira tal que os símbolos que manipulam se tornassem dotados de sentido para eles. Não se trataria simplesmente de programar um computador com as regras da linguagem. Não, o computador teria também de aprender sobre o mundo através de um meio análogo ao nosso. Isso leva o debate para além das fronteiras do teste de Turing, pois uma máquina poderia ser aprovada nele sem atender a esse requisito. Isso não compromete a integridade da ferramenta que foi usada para elaborar o teste, contanto que nos lembremos que o que podemos dizer que alguma coisa faz é influenciado pelo modo como chegou a fazê-lo. Se algum dia uma máquina, além de passar no teste de Turing, suportasse um exame crítico de sua história educacional, pareceria mesquinho negar que tivesse uma mente. Continuar intransigente seria talvez revelar um preconceito contra o silício semelhante àquele que defensores da alma alimentavam contra a carne.

24. O Meme de Dawkins

O que as ideias pensam de nós

Em 1530, quando Copérnico situou o Sol no centro do sistema solar, os seres humanos começaram a vislumbrar que o universo talvez não tivesse sido criado exclusivamente para nosso benefício. Quando Charles Darwin publicou *A origem das espécies*, em 1859, fomos obrigados a admitir que o homem talvez não tivesse sido contemplado com o domínio do mundo natural por direito de nascimento. Em 1953, a descoberta do DNA por Francis Crick e James Watson sugeriu que nem mesmo nossos corpos haviam sido planejados em função de nossos próprios interesses, mas sim no dos nossos genes. Em *O gene egoísta*, Richard Dawkins, o biólogo evolucionário que tanto contribuiu para difundir essa conclusão, acrescentou o insulto final: nem sequer os conteúdos de nossas mentes são projetados para nosso benefício. Em vez de observar meramente como e por que desenvolvemos ideias e as comunicamos, Dawkins sugeriu que as ideias podem se propagar a si mesmas graças à sua própria força em conformidade com os princípios darwinianos.

Atualmente Dawkins é professor de “compreensão popular da ciência” na Universidade de Oxford. Ele nasceu em 1941 no Quênia, onde seu pai estava em missão durante a Segunda Guerra Mundial. A família retornou à Inglaterra quando ele tinha nove anos. Em 1959 Dawkins foi estudar zoologia em Oxford. Mais cedo naquela década, Crick e Watson haviam descoberto a estrutura em hélice dupla do DNA, e os microbiologistas haviam tomado a dianteira em relação aos zoólogos e aos naturalistas na produção de descrições da natureza. O próprio Dawkins transformou-se de zoólogo em biólogo evolucionário, mas levou consigo as ferramentas de estudo do comportamento cooperativo e competitivo e aplicou-as aos objetos da microbiologia: os genes. Em uma série de livros de fácil compreensão que começou com *O gene egoísta*, Dawkins cartografou a história natural do que chamou "o rio que saía do Éden" — o fluxo de informação que era transmitido através das eras nos genomas das coisas vivas.

Dawkins defendeu as ideias de George Williams e Robert Travers, nos Estados Unidos, e de William Hamilton e John Maynard Smith, na Grã-Bretanha. Esses cientistas desenvolveram a concepção de que as forças da seleção natural — em consequência das quais as características mais bem adaptadas a seu ambiente são as que sobrevivem e proliferam no ecossistema — operam não sobre espécies, nem mesmo sobre indivíduos dentro de uma espécie, mas no nível do gene. O raciocínio era o seguinte. Imagine que uma espécie devesse se comportar de maneira a favorecer os interesses da totalidade de seus membros, digamos, estocando uma reserva comunitária de alimentos para permitir a todos sobreviverem ao inverno. Seria do interesse de um indivíduo dessa espécie romper o pacto e devorar tanto quanto pudesse, deixando os demais fazerem a coleta. Talvez os seres humanos tenham noções idiossincráticas de cooperação e do bem comum que lhes dizem para não agir dessa maneira, mesmo que seu altruísmo muitas vezes não passe de egoísmo esclarecido ou de medo de punição. Mas esses sentimentos não estão ao alcance de criaturas mais simples, cujo interesse próprio não é sofisticado o bastante para se tornar "esclarecido". Uma espécie, como uma unidade, é incapaz de agir no interesse comum em bloco porque esse objetivo vai colidir com os interesses egoísticos contrários de seus membros individuais. A questão não é que germes ou vermes individuais sejam incapazes de agir de maneira abnegada, é simplesmente que quaisquer membros da espécie que o façam logo se verão morrendo um a um, deixando aos egoístas o desfrute de sua boa sorte.

Essa análise é repetida no nível do indivíduo. Na natureza há inúmeros casos de criaturas que agem contra os interesses de sua própria sobrevivência, como as cotovias, que sacrificam a própria segurança pela dos filhotes. De quem é o interesse que está operando aqui? Não pode ser dos filhotes de cotovia — que, até onde sabemos, não ameaçam sua mãe para que ela deixe o ninho e vá desviar a atenção dos predadores. E claramente não pode ser da mãe, que não recebe nada em troca de seus filhotes e por vezes acaba na goela de um lobo faminto por causa de seu zelo. Dawkins afirma que ela está de fato agindo no interesse de seus genes, que também estão presentes nos corpos dos filhotes e que terão maior probabilidade de sobreviver e se reproduzir em futuras gerações de cotovias se ela se sacrificar. É significativo que esse processo seja inteiramente instintivo. Os genes da mãe-cotovia não a estão impelindo ou "querendo" que ela aja dessa maneira — pois nem sabem que ela existe —, o que ocorre é simplesmente que os genes capazes de afetar o comportamento de seus "hospedeiros" têm mais chance de sobreviver e de se replicar pelo mundo que aqueles que compõem cotovias egoístas que voam para longe e deixam sua ninhada à mercê dos predadores. Se houvesse unidades replicadoras menores que formassem os próprios genes, o interesse próprio dessas unidades sem dúvida falaria ainda mais alto que o dos genes. Mas como estes são a unidade mais básica de replicação, a responsabilidade é deles. Estritamente falando, os genes não são capazes de funcionar em seu próprio interesse ou nos de outros genes. Funcionam simplesmente como funcionam, e os que o fazem de maneira egoísta, em termos de favorecer sua replicação nos casos mais plausíveis, são os que proliferam.

Os seres humanos, de sua parte, não estão assim tão à mercê de seus genes. Como Dawkins observa, frustramos os interesses de nossos genes toda vez que usamos contraceptivos. As mentes humanas, com as vontades e caprichos que lhes são próprios, podem fazer praticamente o que bem entendem. De fato, estamos agora prestes a ser capazes — apesar de nossos temores dos "bebês programados" e do espectro da eugenia — de alterar diretamente a estrutura do DNA por meio da engenharia genética. Mas Dawkins foi além, pensando que o que compreendemos ser verdadeiro acerca dos genes poderia também aplicar-se a qualquer tipo de coisa capaz de se autorreplicar. As ideias também têm essa propriedade da replicabilidade. Você se pega cantarolando uma música e então se lembra de que a ouviu no rádio cinco minutos antes; depois, quando para, nota que um colega a seu lado começou a cantarolar a mesma música. Se for uma melodia particularmente fácil de lembrar, você poderá se pegar cantarolando-a frequentemente e, cada vez, estará transmitindo o que Dawkin chama de esse "*meme*" para um número maior de pessoas.

Ideias, modas, expressões de uso popular e habilidades de todo tipo são contagiosas. As ferramentas filosóficas apresentadas neste livro — inclusive os *memes* — podem ser pensadas como *memes* dessa maneira. Como seres humanos, parecemos ter uma propensão a copiar outros. É ao copiar os pensamentos de outros e o que os ouvimos dizer que damos os primeiros passos em nossa educação. Parece-nos também conveniente copiar as ideias e os maneirismos dos mais bem-sucedidos entre nós, sejam as modas lançadas pela princesa Diana ou *Os sete hábitos das pessoas altamente eficazes* nos negócios. A mímica pode ser tão importante para a sobrevivência que nos é impossível resistir a ela. Segundo Dawkins os *memes* são de fato uma parte tão essencial de nossa constituição evolucionária quanto os próprios genes. Sobrevivemos até agora como os mais adaptados não apenas por causa dos corpos vigorosos e dos polegares opositores de que nossos genes nos dotaram, mas também porque nossos *memes* nos permitem manipular nosso ambiente com ferramentas e habilidades. Assim como as abelhas constroem colmeias e as aves constroem ninhos, os seres humanos constroem artefatos para favorecer sua sobrevivência. O que nos distingue de aves e abelhas neste caso é que nossos artefatos não estão incorporados à nossa constituição genética. As aves manifestamente não precisam aprender a construir um ninho, mas a capacidade de fabricar automóveis não é algo inato aos humanos. Enquanto o genoma humano evolui através das eras, os *memes* levam adiante sua evolução, sendo transmitidos e adaptados através das gerações. Alguns *memes*, como alguns organismos, reproduzem-se em uma taxa prodigiosa mas têm vida breve, ao passo que outros levam um longo tempo para se desenvolver mas depois persistem por milênios. Um exemplo do primeiro tipo seria a moda de certa cor para roupas, que muda com as estações. Casos do segundo tipo são mais controversos, e os exemplos mais notáveis são os movimentos religiosos.

Pensando melhor, o que pode parecer bastante desanimador acerca dos *memes* é que, embora possamos nos preocupar com nossas ideias, elas próprias tem um único propósito: replicar-se. Seu egoísmo não fica nada a dever ao do gene egoísta, e Dawkins usa uma linguagem forte para descrever o modo como operam. Fala de *memes* "infectando" nossas mentes "como vírus". Quando ouço alguém assobiando uma dessas músicas "fáceis de pegar", ela "parasita" meu cérebro e depois se propaga pelos cérebros de outros, tal como um vírus parasita as células de um organismo para fazer mais cópias de si mesmo. E do mesmo modo que, digamos, os genes causadores de câncer, os *memes* que têm facilidade em se propagar nem sempre serão bons para o hospedeiro. Para fins de raciocínio, milhares de pessoas na Idade Média foram infectadas com a ideia de que, se elas mesmas se punissem mediante autoflagelação regular e jejum, Deus não se sentiria movido a puni-las com a Peste. De fato, seus esforços só serviam para deixá-las menos resistentes à doença, que matou muitas delas. Igualmente vã foi a tradição antissemítica na Europa, que levou não só ao assassinato de cerca de seis milhões de judeus no Holocausto como também à morte de seus mais destacados defensores no final da Segunda Guerra Mundial. Alguns *memes* podem ser tão nocivos para nós que destroem seus próprios meios de propagação. Por razões óbvias, a ideia de que saltar de penhascos é uma boa coisa nunca será onipresente no mesmo patrimônio genético.

Por outro lado, *memes* como a capacidade de dirigir um carro ou contar até dez são benéficos de maneira comparável aos genes que propiciam a acuidade visual ou pernas fortes para correr. Como temos um tempo limitado para considerar ideias, e algumas doutrinas são mutuamente exclusivas, todos os *memes* devem disputar nossa atenção. Uma das diferentes maneiras pelas quais podem fazê-lo é sendo úteis para nós e ajudando-nos a sobreviver ou a prosperar em circunstâncias específicas. Por esse critério, não admira que invenções como o fogo, as roupas quentes e a cura para a varíola venham desfrutando de um casamento tão duradouro com as mentes humanas. Mas no que diz respeito a esses *memes*, a vantagem que eles conferem a quem os possui é mera coincidência. Se essa vantagem significa que mais mentes serão receptivas a eles, tanto melhor, mas a prioridade número um deles é infectar o maior número possível de mentes, quaisquer que possam ser as consequências. Para conseguir isso, os *memes* precisam convencer as pessoas a promulgá-los, e conferir vantagens de sobrevivência é apenas um meio de lograr esse objetivo. Outro meio é serem de troca muito difícil uma vez que foram aceitos. Um desses *memes*, Dawkins sustenta, é a fé religiosa. Favorecida pelo opróbrio lançado sobre são Tomé, o *meme* da fé suprime as faculdades críticas que de outro modo poderiam questioná-lo e eliminá-lo. Outros exemplos incluem *memes* de teorias conspiratórias, que carregam consigo a defesa de que, quanto menos indícios houver da conspiração, mais poderosos e ardilosos os conspiradores nos parecem ser. A crença em OVNIs também pode ser atribuída a um *meme* errante, que foi inventado nos Estados Unidos na década de 1940 e vem proliferando desde então. Alguns *memes* apossam-se de nós de tal maneira que reorganizam nossas mentes, tornando-as mais receptivas para outros *memes* similares. O que começou na forma de noções transforma-se depois em atitudes. Sentimentos paranoicos parecem funcionar dessa maneira. A partir do momento em que uma mulher começa a imaginar que o marido tem um caso, passa a interpretar tudo que ele faz como dissimulação. Depois pergunta por que ele iria querer ter um caso, e começa a questionar outras coisas sobre si mesma também. Dawkins identifica esses *memes* com vírus mentais que assumem o controle da mente do hospedeiro mais ou menos como um vírus de computador poderia assumir o controle do sistema operacional de um PC. No caso da religião, afirmou que eles penetram em nossa corrente sanguínea quando nossas defesas estão vulneráveis — quando somos jovens e crianças ingênuas.

Por causa dessa ideia, Dawkins é tão famoso por seu ateísmo quanto por suas teorias biológicas. De maneira bastante compreensível, os espíritos religiosos não se mostraram muito receptivos à sugestão de que estão sofrendo de um tipo de doença mental. Sustentam, por exemplo, que as ideias religiosas não deixam de ter utilidades, que podem nos tornar mais felizes ou mais otimistas em relação à vida, e certamente inspiraram um cânone artístico maior e uma história do progresso cívico. Mas isso não significa que elas sejam verdadeiras. O que realmente mostra é que há *memes* que proliferam por serem fundamentalmente úteis não para nossa sobrevivência biológica — pois o pagamento do dízimo à Igreja nos deixa menos renda para gastar com comida e abrigo —, mas para as coisas que consideramos importantes, sejam elas quais forem. Não são apenas os *memes* religiosos que operam nessa base. De passatempos como a escalada de rochas à política revolucionária, servimos aos interesses de nossos sentimentos e ideias tão entusiasticamente quanto buscamos a autopreservação. No século passado, *memes* ideológicos nos levaram a estocar armamentos nucleares suficientes para destruir o mundo inteiro várias vezes. Tal como os genes, os *memes* são adequados ou não, segundo o ambiente em que se encontram. E se esse ambiente for maluco, sempre haverá uma porção de *memes* que estarão perfeitamente em casa nele. Isto posto, a questão de ser um hábitat "sadio" ou não depende em grande parte de que *memes* criaram o pano de fundo cultural.

Os termos desse debate criaram uma distinção artificial entre "eles" e "nós". Quando perguntamos quem é que manda, nós ou nossos *memes*, temos de lembrar que podemos querer trazer certos *memes* para dentro dos limites do eu, em vez de vê-los como influências externas. Os procedimentos do pensamento racional que nos permitem distinguir *memes* bons e maus são eles próprios *memes*, e não obstante não pensaríamos neles como estranhos que conseguiram de algum modo infectar nossas mentes. Esses *memes* podem ter tido tanto sucesso em se estabelecer que mantêm conosco uma relação semelhante à da mitocôndria produtora de energia que invadiu as células de nossos ancestrais bilhões de anos atrás e sem a qual morreríamos. Certos *memes*, como a noção de certo e errado, ou de verdade e falsidade, não são apenas um acréscimo opcional para nossa vida mental, são parte do que faz de nós seres humanos.

Apesar de seus achados iniciais, até o momento a memética não se provou um campo de pensamento fértil. A maior parte dos livros (e uma ainda maior dos *websites*) dedicados aos *memes* é decepcionantemente cheia de puro palavrório vazio. Grande parte da literatura sobre o assunto, digital e impressa, foi produzida por um grupo periférico de pretensos filósofos e aqueles profissionais que desejam apenas acrescentar sua cota à mixórdia da tagarelice pós-moderna. Mas a debilidade da memética como ciência não se deve apenas às deficiências de muitos de seus praticantes. A comparação dos *memes* com os genes é em grande medida uma analogia, e não se sustenta perfeitamente. *Memes* podem se misturar uns com os outros ao passo que os genes são particulados e não podem. *Memes* podem também adaptar-se a seu ambiente durante a existência do seu hospedeiro e depois se transmitirem à sua progênie com suas modificações intactas. Genes, por outro lado, não podem ser transformados pelas atividades do hospedeiro, meramente sobrevivem ou não até a geração seguinte. E, o mais importante, antes do advento da engenharia genética novos genes só podiam surgir mediante mutação aleatória. Embora alguns *memes* sejam criados dessa maneira, graças a um "repente de inspiração", por assim dizer, muitos outros são conscientemente planejados por meio de trabalho e reflexão intencionais.

Muito antes de inventarmos a engenharia genética, desenvolvemos a capacidade de alterar diretamente as ideias e os instintos que nos foram transmitidos. A engenharia memética, ou o pensamento racional, como é em geral conhecido, dá-nos poder sobre os *memes*. Na esfera mental, em contraposição à esfera física, aprendemos a manipular as unidades de replicação antes que soubéssemos por que a tínhamos. Mas, como as vítimas da guerra e da perseguição ideológica podem lamentavelmente nos contar, do mesmo modo que a engenharia genética, essa manipulação continua um tanto duvidosa.

25. Derrida e Desconstrução

Desmontar ideias

Em 1938, o ilustrador americano Bob Kane criou Batman, o personagem dos quadrinhos que combate o crime nas ruas de Gotham City. Em contraste com o igualmente popular Super-Homem, com seus múltiplos poderes sobrenaturais, Batman só usa, para liquidar seus inimigos, o combate desarmado e um "cinto de utilidades". A diferença mais pronunciada entre os dois personagens, contudo, é a motivação do segundo. Enquanto o Homem de Aço preocupa-se fundamentalmente com a verdade, a justiça e o *american way of life*, Batman iniciou sua carreira de combate ao crime depois que seus pais foram assassinados por um assaltante. Estava à procura de vingança. Essa qualidade foi salientada por Frank Miller em 1986 em *O retorno do Cavaleiro das Trevas*, que descreveu Batman como um vigilante brutal e tão psicologicamente distorcido quanto aqueles a quem combatia. Para usar a terminologia do filósofo francês Jacques Derrida, Batman "desconstrói" o conceito de herói. A história demonstra como um conceito que consideramos claro e fixo está de fato enredado com sua antítese. A questão não é só que adversidade ou vileza são necessárias para fornecer uma oportunidade para o heroísmo, mas que essas qualidades estão emaranhadas no próprio ato de heroísmo — como quando Batman usa violência para derrotar sua nêmesis, o Curinga. A desconstrução, em termos gerais, é o modo pelo qual trazemos à luz as contradições ocultas em nossas crenças e conceitos comuns. Sem o Curinga, Batman não seria um super-herói, não passaria de um homem metido em um traje ridículo.

Jacques Derrida nasceu em 1930, em Argel, em uma família judaica de classe média baixa. Após a queda da França em 1940, a perseguição nazista aos judeus foi instigada na Argélia embora não houvesse ali nenhum ocupante alemão. As crianças judias foram segregadas e enviadas para escolas especiais e professores judeus perderam seus empregos sem grande protesto por parte dos colegas. Mesmo depois da libertação pelos Aliados, leis raciais foram mantidas na Argélia por mais seis meses pelo governo francês supostamente "livre". Durante um ano inteiro, Derrida não viu razão alguma para comparecer às aulas. Sonhava tornar-se jogador de futebol, mas aos dezenove anos, depois de descobrir que não jogava lá muito bem, mudou-se para a França a fim de estudar. Após ser admitido na École Normale Supérieure em Paris em 1952, ingressou em vários grupos políticos de extrema-esquerda e inscreveu-se em cursos de filosofia depois de ouvir um programa de rádio sobre seu compatriota, o escritor Albert Camus (1913-1960). Embora Derrida tenha tido uma história movimentada no que diz respeito a exames — sendo reprovado em seu primeiro *baccalauréat* em 1947, depois duas vezes nos exames de ingresso para a École Normale Supérieure e finalmente em sua primeira tentativa de obter a licenciatura —, desde então lecionou filosofia na Sorbonne em Paris, e em Yale, nos Estados Unidos. Derrida defendeu causas como o fim do *apartheid* na África do Sul e a liberdade de expressão na Tchecoslováquia, antes da eleição de Václav Havel como presidente em 1989. Em 1982 visitou a Tchecoslováquia, onde, embora tenha apenas participado de um seminário "não oficial" conduzido por dissidentes e visitado o túmulo de Kafka, as autoridades acharam por bem prendê-lo sob acusações ignóbeis de posse de drogas.

As ideias filosóficas de Derrida, no entanto, foram envolvidas por mais controvérsias que suas crenças políticas. Em 1992, por exemplo, o filósofo recebeu ampla cobertura da imprensa britânica, quando vários membros eminentes da Universidade de Cambridge foram contrários à concessão de um grau honorário a ele. A decisão foi posta em votação e, embora o resultado tenha sido de 336 contra 204 a favor de Derrida, fora a primeira vez em vinte e nove anos que se precisara de um sufrágio. Essa divisão revelava as suspeitas que as tradições filosóficas anglo-americana e europeia-continental continuavam alimentando uma em relação à outra. A despeito de acusações de charlatanismo e obscurantismo, Derrida não perde o bom humor e se recusa a levar essas críticas muito a sério. Em uma entrevista a *Le Nouvel*

Observateur em 1983, declarou que não buscava a dificuldade pela dificuldade. Afirmou que, ao contrário, os que professam considerar sua obra ininteligível muitas vezes a compreendem muito bem: "Ninguém fica furioso com um matemático ou com um médico quando não entende nada do que ele diz", queixou-se, "ou com alguém que fala uma língua estrangeira... Por que será que parecemos pedir aos filósofos que sejam 'fáceis', e não a outros estudiosos como esses, que são até mais inacessíveis aos mesmíssimos leitores?" Mas não são apenas leigos que pedem a Derrida que diga coisa com coisa — são muitas vezes filósofos profissionais que passaram décadas estudando sua disciplina e desconfiam que a prosa impenetrável dele mascara falta de rigor ou profundidade de argumentação. O médico e filósofo britânico Raymond Tallis observou certa vez: "Quando o rei está renovando seu guarda-roupa, costuma fazer compras em Paris."*

A obra de Derrida é sem dúvida obscura, e ele resiste a qualquer formulação canônica de suas ideias. Isso porque não acredita que significados possam ser apreendidos "de imediato" por meio de um conceito cômodo. Nesse caso, nenhuma definição de desconstrução poderia ser satisfatória. Numa carta ao professor Izutsu no Japão, datada de 10 de julho de 1983, escreveu:

> A desconstrução não é um método e não pode ser transformada num método ... É verdade que em certos círculos (universitários ou culturais, especialmente nos Estados Unidos) a "metáfora" técnica e metodológica que parece necessariamente presa à própria palavra "desconstrução" foi capaz de seduzir ou desencaminhar... Não basta dizer que a desconstrução não poderia ser reduzida a uma instrumentalidade metodológica ou a um conjunto de regras e procedimentos transponíveis. Tampouco é suficiente afirmar que cada "evento" desconstrutivo permanece singular ou, de todo modo, tão perto quanto possível de algo como um idioma ou uma assinatura. É preciso também deixar claro que a desconstrução não é nem sequer um ato ou uma *operação*.

Tendo descartado essas abordagens, Derrida prossegue dizendo que "a palavra 'desconstrução', como todas as palavras, só adquire seu valor a partir de

---

* Alusão, é claro, àquele que na verdade andava nu, do conto de Andersen. (N.T.)

sua inscrição em uma cadeia de substituições possíveis, no que é [muito] levianamente chamado 'um contexto'". Precisamos ver o procedimento em ação para compreendê-lo.

Em *A disseminação* (1972), Derrida ilustra a desconstrução com um exemplo tomado da história da filosofia. No *Fedro*, Platão narra o mito de Tot — o deus que inventou a escrita — e Tamuz — o rei egípcio a quem ele ofereceu sua criação. Tamuz recusa o presente, julgando que seus perigos suplantam seus benefícios para a humanidade. Por um lado, a escrita oferece uma nova forma de memória que pode armazenar muito mais informação do que a transmitida de geração em geração por via da tradição oral. Entretanto, se as pessoas não tiverem mais de se dar ao difícil trabalho de memorizar as coisas, já que agora podem procurá-las à vontade em livros, seus poderes de memorização estarão fadados a cair em declínio. Além disso, os livros dispensam a presença orientadora de um mestre, e sem semelhante guardião do saber o aluno poderia interpretar mal o que lê. Tamuz preocupa-se também com a dissolução dos laços sociais da sanção paterna que disso sobreviria. Esses laços asseguram que são conhecimentos verdadeiros que estão sendo transmitidos de mestre para aluno — pois o mestre maduro e sábio tem mais autoridade que papel e tinta. Enquanto um mestre humano é capaz de dar vida ao conhecimento nas mentes de indivíduos, a escrita comunica meramente um tipo de aprendizado maquinal, um artifício mecânico para produzir um simulacro de conhecimento. Mesmo hoje, no Ocidente, costumamos desdenhar dos que aprenderam tudo que sabem nos livros, como se isso de algum modo reduzisse o valor de seu conhecimento ou significasse que não o entendem realmente. Derrida sustenta que a atribuição de um privilégio à fala sobre a escrita é um preconceito endêmico na tradição ocidental da filosofia e da religião.

Derrida observa que, no *Fedro*, sempre que fala sobre "bons" usos da linguagem e da memória, Platão recai em metáforas derivadas da prática da escrita. As coisas a que foi dado um valor positivo na história — como a fala, uma memória viva e a presença do mestre — são definidas em contraste com o que as ameaça. A fala, por exemplo, não é apresentada como algo inteiramente diverso da escrita, mas como um "bom" tipo de escrita — aquela que é "escrita na alma do aprendiz". A informação armazenada nas memórias das pessoas e não nos textos é similarmente descrita com metáforas de gravação e inscrição. Esse uso do símile pode ser considerado subsidiário à essência do texto, ou supérfluo para seu sentido. Platão teria podido usar metáforas diferentes, ou nenhuma metáfora, mas Derrida sustenta que elas devem ser levadas em conta em uma leitura adequada do texto.

Segundo a definição de escrita usada por pensadores, de Platão ao linguista suíço Saussure (1857-1913), a escrita opera a dois graus de distância da verdade. Ao falar, produzimos sons para o que queremos dizer. A escrita, por sua vez, fabrica mais sinais, na forma das palavras foneticamente transcritas para esses sinais. A ideia de Derrida é que toda expressão partilha o impasse da escrita, porque a expressão sempre chega tarde demais ao processo de comunicação para ser um portador de sentido confiável. Segundo a concepção tradicional, a metáfora é um desvio do procedimento normal em que as palavras dizem literalmente o que se pretende que digam. Mas como, pergunta Derrida, poderiam as palavras adquirir essa capacidade fantástica de se agarrarem ao que querem exprimir? Ele não é o único pensador a negar que o sentido consista em uma correspondência ideal entre o som de uma palavra falada e o sentido que ela supostamente exprime. Trata-se de uma relação arbitrária, e de uma relação suscetível de mudança ao longo do tempo. Uma abordagem desconstrutiva confere escrupulosa atenção à letra dos textos de modo a poder revelar sentidos supostamente literais como metáforas disfarçadas.

A desconstrução tenta mostrar que palavras e conceitos não comunicam o que prometem. Na discussão dos jogos na seção 66 de *Investigações filosóficas*, Ludwig Wittgenstein ilustra de maneira presciente o inevitável aparecimento de lacunas quando explicamos um conceito:

> Considere por exemplo os jogos de tabuleiro, com suas variadas relações. Agora passe para os jogos de cartas; aqui você pode encontrar muitas correspondências com o primeiro grupo, mas muitos traços comuns somem, e outros surgem. Quando passamos aos jogos de bola, muito do que é comum se conserva, mas muito se perde. — São todos eles "divertidos"? (Compare xadrez com jogo da velha.) Há sempre ganhar e perder, ou competição entre os jogadores? (Pense em paciência.) Nos jogos de bola há ganhar e perder; mas quando uma criança lança sua bola na parede e a apanha de volta, esse traço desapareceu.

> Veja os papéis desempenhados pela perícia e a sorte; e a diferença entre perícia no xadrez e perícia no tênis. Agora pense em jogos como *ring-ring-a-roses;** o elemento diversão está aqui, mas quantos outros traços característicos desapareceram! E podemos examinar os muitos, muitos outros grupos de jogos da mesma maneira; podemos ver como similaridades afloram e desaparecem.

As maneiras como podemos descrever um conceito são potencialmente infinitas, e toda descrição que fizermos omitirá ou excluirá outras descrições possíveis. O objetivo da desconstrução não é mostrar como essas lacunas podem ser preenchidas de modo a tornar nossa descrição mais completa e adequada, mas mostrar que lacunas são inevitáveis. Ela faz isso não recorrendo a critérios de completude situados fora de nossos textos e falas, mas examinando em detalhe suas implicações. Suponha que concluo que minha noiva é "a mulher perfeita". Se estou loucamente apaixonado, só posso considerá-la perfeita; meu conceito de perfeição, no entanto, não pode ser perfeito. Esse conceito imperfeito é contudo o único que tenho, de modo que, ao mesmo tempo, haverá sempre um sentido em que minha noiva *não* é "a mulher perfeita".

Segundo Derrida, nunca podemos chegar a descrições definitivas de nossos conceitos. Essa sua opinião não se aplica somente a ideias filosóficas. Quando analisamos mesmo um acontecimento banal em grande detalhe, ele parece desaparecer, deixando seus *inputs* e *outputs*. Por exemplo, quando um incêndio irrompe, falamos de suas causas e efeitos, imaginando que o "fogo" ocorreu em algum ponto entre eles. Mas depois de enumerarmos os "antes" e os "depois", constatamos que essas fases se encontram no meio, não deixando nenhum tempo para o "evento". Esse evento não poderia ser o riscar de um fósforo, pois isso também compreende uma série de eventos que podem ser divididos em "antes" e "depois". De maneira semelhante, uma palavra não muito bem conhecida pode parecer prenhe de sentido, mas, quando a procuramos no dicionário, ela se torna um invólucro seco — seu sentido é "espremido" para o de seus sinônimos.

---

* Brincadeira de roda de crianças pequenas parecida com "Atirei o pau no gato"; às palavras *"all fall down"*, todas se agacham de repente. (N.T.)

Essas observações, no entanto, não parecem afetar nossa capacidade de nos comunicarmos uns com os outros. Se digo aos bombeiros que minha casa está pegando fogo, eles saberão o que esperar ao chegarem, e minha companhia seguradora compreenderá o que quero dizer quando afirmo que as chamas irromperam na cozinha por volta das seis horas. Isso ocorre porque a linguagem comum não requer a precisão exigida pela desconstrução. Se digo que uma maçã é vermelha, não sou desmentido pela presença de manchas verdes na sua casca. Minha descrição pode ser "incompleta", mas temos o direito de perguntar de onde vem a fascinação de Derrida pela completude. De fato, o acréscimo de detalhes e mais detalhes em geral prejudica a clareza, como por exemplo quando o barulho de fundo em um estúdio de gravação estraga o trabalho de um engenheiro de som. Muita comunicação depende precisamente da incompletude do que dizemos. Mas, mesmo nesse caso, ela só é incompleta do ponto de vista de uma descrição de *tudo*. Se estou procurando um padrão, quero somente uma descrição completa do padrão — não necessariamente uma descrição do padrão *mais* seu entorno. Só há problema, portanto, se as coisas jamais puderem ser separadas de seu entorno, e é isso que Derrida sustenta. Ele endossa a ideia de que um sentido é um produto de contexto — de que um signo significa alguma coisa em virtude do lugar que ocupa dentro de todo um sistema de signos. Afirma, além disso, que esse contexto é cambiante, que a linguagem é uma torrente que se move rápido demais para que possamos prender sentidos a termos isolados para o propósito da exegese. A linguagem possui "iterabilidade" — isto é, um segmento de uma fala pode ser reproduzido num contexto diferente e ainda possuir um sentido. Segundo o pensamento de Derrida, é precisamente essa capacidade de se transportar que impede aos enunciados possuírem um sentido determinado que um ouvinte ou um leitor possa entender com certeza. No entanto, embora a iterabilidade de nossos conceitos assegure que serão incompletos, sem ela ninguém seria capaz de entender coisa alguma que alguém dissesse, exceto o próprio falante.

O valor da obra de Derrida está em nos fazer ver os vestígios do que foi omitido de nossos conceitos e descrições, pois essas lacunas são parte do que os faz possíveis. A noção de irmandade, por exemplo, implica que pode haver pessoas que não são meus irmãos a que minha fraternidade não se aplicará. (Um clube de que *todo o mundo* é sócio não é um clube.) Para incluir meus irmãos sob esse conceito, é preciso haver outros que sejam excluídos. Quando nos damos conta disso, temos a oportunidade de tomar uma decisão moral: conservar nosso conceito ou trocá-lo. Como diz Derrida: "Temos que estudar os modelos e a história dos modelos e depois tentar não subvertê-los simplesmente para destruí-los, mas mudar os modelos e inventar novas maneiras de escrever — não como um desafio formal, mas por razões éticas e políticas." A reconstrução nos impele a repensar a base de nossas práticas, conceitos e valores. Poderíamos continuar como antes, ou poderíamos, em vez disso, procurar novos valores e identidades. No entanto, ao olharmos para o que foi deixado de fora (e considerarmos como incluí-lo), precisaremos lembrar que a nova identidade excluirá, necessariamente, certos grupos de pessoas, e que novos sistemas conceituais excluirão necessariamente certas ideias. Qualquer que seja nossa decisão, nossas ideias serão menos dogmáticas e mais sinceras depois que tiverem sido desconstruídas.

Leitura sugerida

Nota: Esta seção não pretende fornecer uma bibliografia exaustiva, mas orientar o leitor para as fontes mais úteis.

Introduções Gerais

O melhor panorama histórico da filosofia ainda é a *História da filosofia ocidental*, de Bertrand Russell, uma obra-prima publicada pela primeira vez em 1946 (Rio de Janeiro, Ediouro, 2001). Russell tende a se centrar, contudo, nas deficiências de seus predecessores. Do mesmo feitio é a menos abrangente mas extremamente interessante *História da filosofia*, de Will Durant (Rio de Janeiro, Record, 1996). Uma abordagem mais construtiva é adotada pelo excelente estudo de Anthony Gottlieb, *The Dream of Reason* (Londres, Allen Lane, 2000), que ressalta o modo como ideias antigas deram forma às ideias modernas análogas. Um ótimo representante do tratado filosófico como manual de instrução é o filósofo americano Roy Sorensen — ver, por exemplo, *Pseudo-Problems* (Londres, Routledge, 1993). Entre as introduções aos aspectos formais e técnicos da lógica e da argumentação dirigida a estudantes, *Critical Thinking* (Peterborough, Ont., Broadview Press, 2000), de W. Hughes, está entre as mais claras.

1. O Poço de Tales

Nenhuma obra de Tales — se é que houve alguma — sobrevive, mas Aristóteles escreveu sobre os filósofos e suas ideias na *Metafísica* (consultar volume de "Aristóteles" na coleção Os Pensadores, da Abril) e na *Política* (Brasília, Ed. da UNB, 1997). Outras exposições, menos confiáveis, chegam a nós através de *Vidas e doutrinas dos filósofos ilustres* de Diógenes Laércio (Brasília, Editora da UNB, 2ª ed., 1997) escrito no século VI d.C. e das *Histórias* de Heródoto, do século V a.C (Rio de Janeiro, Prestígio, 2001). Há poucas análises filosóficas conclusivas do pensamento reducionista, e o melhor entendimento de seu modo de operar é dado por qualquer bom exemplo de ciência popular, de *Uma breve história do tempo* de Stephen W. Hawking (Rio de Janeiro, Rocco, 29ª ed., 2002) a *Como a mente funciona* de Steven Pinker (São Paulo, Companhia das Letras, 1998). A pesquisa da Universidade de Cornell sobre a base química do amor foi relatada no *Sunday Times* (Londres), 1.8.1999.

2. Protágoras e os Porcos

A demolição de Protágoras por Sócrates aparece no *Teeteto* de Platão em *Diálogos* (São Paulo, Cultrix). Uma discussão sofisticada do relativismo é proposta por Bernard Williams em *Ethics and the Limits of Philosophy* (Londres, Fontana, 1985). Alasdair MacIntyre oferece uma abordagem histórica ao relativismo no excelente *Depois da virtude* (Florianópolis, Edusc, 2001). *The View From Nowhere*, de Thomas Nagel (Oxford University Press, 1986) sobre as implicações mais amplas da subjetividade permanece como um clássico tanto para o leitor acadêmico como para o leitor comum. Os infortúnios de Sting são relatados em *Wild in the Woods: the Myth of the Noble Eco-Savage* de Robert Whelan, p.48-50 (IEA Studies on the Environment, nº 14, publicado pela IEA Environment Unit, 1999).

3. Zenão e a Tartaruga

Os paradoxos do movimento de Zenão são examinados na *Física* de Aristóteles, VI.9, VIII.8. São considerados, ao lado de outras questões, em *The Infinite* de A.W. Moore (Londres, Routledge, 1990). Grande parte desse livro destina-se a especialistas, mas a abertura e os capítulos finais podem ser compreendidos e apreciados por todos. *Paradoxes* (Cambridge University Press, 1988), de R.M. Sainsbury, apresenta um rol abrangente de paradoxos filosóficos clássicos.

4. A Inquirição Socrática

As duas fontes originais para as palavras de Sócrates são os diálogos de Platão e as obras de Xenofonte, *Apologia, O banquete* e *Memorabilia*. Em *Socrates: Philosophy in Plato's Early Dialogues* (Londres, Routledge & Kegan Paul, 1979), Gerasimos Xenophon Santas tenta extrair as opiniões do filósofo das de seu discípulo. *O julgamento de* Sócrates, de I.F. Stone (São Paulo, Companhia das Letras, 2001) apresenta o lado ateniense da história na execução do filósofo.

5. A Caverna de Platão

O projeto platônico e seus destinos posteriores são extensamente examinados em *Metaphysics as a Guide to Morals* (Londres, Penguin, 1993), de Iris Murdoch. A sugestão de Hilary Putnam de que a consciência é *software* está reproduzida em *Philosophical Papers,* vol.2: *Mind, Language and Reality* (Cambridge, Cambridge

University Press, 1975). William Paley, arquidiácono de Carlisle, propôs sua analogia do relojoeiro em *Natural Theology* (Londres, R. Faulder, 1802).

6. As Metas de Aristóteles

As duas obras de Aristóteles sobre moral são a *Ética a Nicômaco* (Brasília, Ed. da UNB) e a *Ética a Eudemo*, enquanto a teleologia é discutida de maneira mais ampla na *Física*. Em versão inglesa, esses textos podem ser encontrados em *The Complete Works of Aristotle*, org. Jonathan Barnes (Princeton University Press, 1984). *Ethics with Aristotle* de Sarah Broadie (Oxford University Press, 1991) é um bom passo adiante. Para excelentes exemplos de pensamento darwiniano, ver, de Richard Dawkins, *O relojoeiro cego*, São Paulo, Companhia das Letras, 2001) e *O gene egoísta*, Belo Horizonte, Itatiaia, 2001).

7. A Lança de Lucrécio

Da natureza das coisas de Lucrécio consta da edição *Epicurismo e "Da natureza"* (Rio de Janeiro, Ediouro). David Wiggins examina casos de cérebro dividido em *Sameness and Substance* (Oxford, Blackwell, 1980). A "nau de Teseu" e outros exemplos são examinados por Harold Noonan em *Personal Identity* (Londres: Routledge, 1989), e um relato complexo e comovente da ausência de identidade pessoal é encontrado em *Reasons and Persons*, de Derek Parfit (Oxford: Clarendon Press, 1984). O livro de Roy Sorensen, *Thought Experiments* (Oxford University Press, 1992), fornece um estudo exaustivo mas sempre interessante da modalidade.

8. A Navalha de Occam

Os pensamentos essenciais de Guilherme de Occam estão reunidos em *Philosophical Writings* (Edimburgo: Nelson, 1957), org. e trad. Philotheus Boehner, enquanto *The Cambridge Companion to Ockham*, org. Paul Vincent Spade (Cambridge University Press, 1999), contém uma boa seleção de artigos críticos. Material farto e densamente apresentado sobre o pano de fundo das ideias do tempo de Occam pode ser encontrado em *A History of Medieval Philosophy* de F.C. Copleston (Londres, Methuen, 1972).

9. O Príncipe de Maquiavel

As duas principais obras de Maquiavel são *O Príncipe* (Rio de Janeiro, Difel, 2002) e *Comentários sobre a primeira década de Tito Lívio* (Brasília, Editora da UNB, 1994). A crônica da Operação Restauração da Esperança é feita pelo correspondente de guerra Scott Petersen no instrutivo *Me Against My Brother* (Nova York, Routledge, 2000). George Stephanopoulos registra a linguagem desabrida de Bill Clinton em

All Too Human (Londres: Hutchinson, 1999). *The New Machiavelli: the Art of Politics in Business* (Chichester: John Wiley, 1998), de Alistair McAlpine, aplica as ideias de Maquiavel à relação entre líderes empresariais e seus empregados e acionistas. Esse livro foi especialmente apreciado por Margaret Thatcher.

10. As Galinhas de Bacon

Novum Organum de Francis Bacon pode ser encontrado em português no *website* http://virtualbooks.terra.com.br/freebook/didaticos/NovumãOrganum.htm, embora seus *Ensaios* (Lisboa, Guimarães, 3ª ed., 1992) sejam bem mais acessíveis ao leitor comum. Bertrand Russell introduz sua galinha em *The Problems of Philosophy* (Home University Library of Modern Knowledge, 1912), ao passo que Peter Strawson defende a racionalidade do pensamento indutivo em *Introduction to Logical Theory* (Londres, Methuen, 1952).

11. O Demônio de Descartes

Bernard Williams faz uma difícil mas altamente reputada discussão da dúvida cartesiana em *Descartes: the Project of Pure Enquiry* (Hassocks, Harvester Press, 1978). Muito mais simples, mas ainda apresentando uma explanação coerente do sistema de pensamento de Descartes é *Descartes* (Londres, Allen Lane, 1974) de Jonathan Rée. Ludwig Wittgenstein delineia os limites lógicos de nossa capacidade de duvidar em *Da certeza* (Lisboa, Edições 70, 2000). Demônios e sonhadores foram substituídos por cérebros em cubas como o experimento mental de escolha no estudo do ceticismo e da dúvida — tema do fascinante primeiro capítulo de *Reason, Truth and History* de Hilary Putnam (Cambridge University Press, 1981).

12. O Garfo de Hume

A clareza da escrita de Hume significa que todas as suas obras podem ser recomendadas, mesmo para leitores neófitos (consultar, por exemplo, o volume de "Descartes" na coleção Os Pensadores, da Abril). Os dois textos principais são *Investigação sobre o entendimento humano* (Lisboa, Edições 70, 1998) e *Tratado da natureza humana* (Lisboa, Calouste Gulbenkian, 2002).

13. O Senso Comum de Reid

An Inquiry into the Human Mind on the Principles of Common Sense, de Thomas Reid, está publicado pela Edinburgh University Press (1997). Suas ideias foram revividas por G.E. Moore em "A Defence of Common Sense", *Philosophical Papers* (Londres, George Allen & Unwin, 1959).

14. O Contrato de Rousseau

O contrato social pode ser encontrado em português em edição recente (São Paulo, Martins Fontes, 1999). Para duas exposições diametralmente opostas da vida e da obra do filósofo, leia primeiro as *Confissões* de Rousseau (Lisboa, Relógio d'Água, 1988, 2 vols.) depois a convincente, ainda que extremamente unilateral, demolição da obra e do caráter de Rousseau pelo historiador Paul Johnson em *Intelectuais* (Rio de Janeiro, Imago, 1989).

15. Os Óculos de Kant

A edição integral em português mais consultada da obra-prima de Kant é publicada pela Fundação Calouste Gulbenkian (Lisboa, 1997), embora os excertos publicados na coleção Os Pensadores, da Abril Cultural, também sejam recomendados. Para o leitor iniciante, contudo, ela só fará sentido episodicamente, e assim várias introduções gerais ao filósofo são recomendadas antes do seu enfrentamento. O melhor guia breve às ideias de Kant é *Kant*, de Roger Scruton (Oxford University Press, 1992), embora o livro de Stephan Korner, *Kant* (Harmondsworth, Penguin, 1955) também seja bom.

16. O Cálculo de Bentham

As duas exposições canônicas do pensamento utilitarista são *The Principles of Morals and Legislation* (Amherst, NY, Prometheus Books, 1988), do próprio Bentham, e a de seu sucessor John Stuart Mill *A liberdade/Utilitarismo*, São Paulo, Martins Fontes, 2000. *Utilitarianism: For and Against* de J.J.C. Smart e Bernard Williams (Cambridge University Press, 1973) fornece vários exemplos claros de cálculo moral na prática.

17. A Dialética de Hegel

A obra de Hegel é quase ilegível para todos os não especialistas (e até para alguns especialistas), como pode ser visto a partir da *Fenomenologia do espírito*, Petrópolis, Vozes, 2002). O livro de Charles Taylor, *Hegel* (Cambridge University Press, 1975), uma exposição extremamente rigorosa, não é recomendável para iniciantes. Mais introdutório é *Hegel on History* de Joseph McCarney (Londres: Routledge, 2000). Um estudo admiravelmente claro e direto é o de Robert Stern, *Hegel's Phenomenology of Spirit and Logic* (London: Routledge, 1993). Um clássico por seus próprios méritos é *Razão e revolução*, de Herbert Marcuse (Rio de Janeiro, Paz e Terra, 1988), uma meditação sobre as origens e a influência de Hegel até a Segunda Guerra Mundial.

18. O Martelo de Nietzsche

Praticamente tudo que Nietzsche escreveu constitui leitura estimulante. Seus textos centrais são *Além do bem e do mal* e *Genealogia da moral* (São Paulo, Companhia das Letras, 1992 e 1998, respectivamente). Seus pensamentos são transmitidos de forma lírica em *Assim falava Zaratustra* (Rio de Janeiro, Hemus, 2002). Além deles, pode-se consultar *O crepúsculo dos ídolos* (Rio de Janeiro, Relume-Dumará, 2000). *Nietzsche as Philosopher* (Londres: Collier-Macmillan, 1965) de Arthur C. Danto é de grande ajuda para a compreensão de Nietzsche. Alexander Nehamas escreve sobre o filósofo com alguma verve em *Nietzsche: Life as Literature* (Harvard University Press, 1985).

19. O Espelho do Jovem Wittgenstein

O *Tractatus Logico-Philosophicus* de Wittgenstein (São Paulo: Edusp, 2001), é a principal fonte da primeira fase de sua filosofia A biografia seminal escrita por Ray Monk, *Wittgenstein: a dívida do gênio* (São Paulo, Companhia das Letras, 1995), é ao mesmo tempo um estudo absorvente da vida do filósofo e uma boa introdução às suas ideias. Allan Janik e Stephen Toulmin fazem uma vívida reconstituição de Viena, o local de nascimento do filósofo e da contribuição da cidade para seu pensamento em *A Viena de Wittgenstein*. Rio de Janeiro, Campus, 1991). A carta para von Ficker está reproduzida em "Letters to Ludwig von Ficker", org. A. Janik, trad. ingl. B. Gillette em *Wittgenstein: Sources and Perspectives*, org. C.G. Luckhardt (Harvester, 1979).

20. Os Jogos do Wittgenstein Maduro

A principal fonte do pensamento mais tardio de Wittgenstein é *Investigações filosóficas* (Rio de Janeiro, Vozes, 1996). Ernest Gellner conduziu um brilhante ataque à obra e à influência de Wittgenstein em *Words and Things* (Londres, Victor Gollancz, 1959). Para os que desconfiam do "picadinho lógico" de filósofos anglo-americanos, este livro é o antídoto. É possível, porém, que Marie McGinn apresente uma compreensão mais clara de Wittgenstein em sua obra em *Wittgenstein and the Philosophical Investigations* (Londres, Routledge, 1997).

21. Os Bonecos de Popper

As duas grandes obras de Popper são *A lógica da pesquisa científica*, São Paulo, Cultrix, 2000) e *A sociedade aberta e seus inimigos*, Belo Horizonte, Itatiaia, 1998, 2 vols.). *Philosophy and the Real World: An Introduction to Karl Popper* (Londres: Fontana, 1973), de Bryan Magee, é difícil de ser encontrado, mas Magee escreve também de maneira muito atraente sobre Popper em *Confissões de um filósofo* (São Paulo, Martins Fontes, 2001).

22. A Universidade de Ryle

Ryle apresentou suas ideias em *The Concept of Mind* (Londres: Hutchinson's University Library, 1949). *Ryle*, org. Oscar P. Wood e George Pitcher (London: Macmillan, 1971), contém uma breve autobiografia do filósofo e uma coletânea de ensaios sobre sua obra por autores como A.J. Ayer e J.L. Austin. Douglas R. Hofstadter faz uma abordagem da emergência em *Goedel, Escher, Bach* (Hassocks: Harvester Press, 1979).

23. A Máquina de Turing

Searle propôs seu experimento da sala chinesa pela primeira vez em "Minds, Brains, and Programs", *Behavioral and Brain Sciences* 3 (Cambridge University Press, 1980). Objeções aos argumentos de Searle são apresentadas com autoridade por Daniel C. Dennett em *Consciousness Explained* (Londres: Allen Lane, 1992), livro que dá também uma espécie de aula avançada sobre o uso de ferramentas e técnicas filosóficas. *The Mind's I*, org. Douglas R. Hofstadter e Daniel C. Dennett (Brighton: Harvester Press, 1981) é uma antologia com vários artigos excelentes sobre consciência e inteligência de máquinas.

24. O Meme de Dawkins

The Selfish Gene de Richard Dawkins, publicado originalmente em 1976, só foi publicado no Brasil em 2001 (*O gene egoísta*, Belo Horizonte, Itatiaia). A melhor exposição já feita da memética foi a de Susan Blackmore em *The Meme Machine* (Oxford University Press, 1999). Há também um excelente capítulo no livro de Daniel C. Dennett, *Darwin's Dangerous Idea* (Londres: Allen Lane, 1995) sobre as perspectivas de uma ciência dos *memes*.

25. Derrida e Desconstrução

Nenhum dos textos de Derrida pode ser recomendado para o iniciante. *A escritura e a diferença*, Campinas, Perspectiva, 2002), embora supostamente introdutório, será ininteligível mesmo para a maioria dos leitores com uma base em filosofia. De compreensão ligeiramente mais fácil é *Limited Inc.* (Campinas, Papirus, 1991), em que Derrida é obrigado a pôr o pé no chão para responder às críticas do filósofo John Searle. Derrida discute o *Fedro* de Platão em detalhe em *Dissemination*, trad. Barbara Johnson (Londres: Athlone Press, 1981). A carta a Izutsu e a entrevista dada a *Le Nouvel Observateur* estão reproduzidas em *Derrida & Differance*, orgs. David

Wood e Robert Bernasconi (Coventry: Paralisia Press, 1985). Os escritos de Christopher Norris são de grande ajuda na decifração dos textos de Derrida: ver *Derrida* (Londres: Fontana, 1987) e *Deconstruction and the Unfinished Project of Modernity* (Londres: Athlone Press, 2000).

Adendo da edição brasileira

Acerca dos filósofos e temas abordados por Nicholas Fearn, indicamos também as seguintes edições brasileiras:

Coleção Os Pensadores (São Paulo, Abril Cultural, várias edições), em especial os volumes: *Pré-Socráticos, Platão, Aristóteles, Lucrécio, Maquiavel, Bacon, Descartes, Hume, Rousseau, Kant, Bentham, Hegel, Nietzsche, Wittgenstein, Popper.*

Coleção Filósofos em 90 Minutos, de Paul Strathern (Rio de Janeiro, Zahar), em especial os volumes: *Sócrates, Platão, Aristóteles, Maquiavel, Descartes, Hume, Rousseau, Kant, Hegel, Nietzsche, Wittgenstein, Derrida.*

Coleção Passo-a-Passo (Rio de Janeiro, Zahar), em especial os volumes: *Platão e a República,* de Jayme Paviane; Hegel, de Denis Rosenfield; *Hegel e a fenomenologia do espírito,* de Paulo Meneses; *Nietzsche,* de Nelson Boeira; *Nietzsche e Para além de bem e mal,* de Oswaldo Giacóia Júnior.

Especificamente sobre Derrida: *Derrida,* de Geoffrey Bennington e Jacques Derrida (Rio de Janeiro, Zahar, 1996), que inclui o texto "Circonfissão", de Derrida.

Obras gerais: *Iniciação à história da filosofia,* de Danilo Marcondes (Rio de Janeiro, Zahar, 7ª ed., 2002); *Textos básicos de filosofia,* org. Danilo Marcondes (Rio de Janeiro, Zahar, 3ª ed., 2003).

Agradecimentos

Meus agradecimentos vão em primeiro lugar para Herbert e Sheila Oakes, sem cuja ajuda e incentivo ao longo de muitos anos este livro não teria sido escrito.

Sou grato também aos meus editores Toby Mundy e Alice Hunt, assim como a Julian Baggini, Jason Cowley, Tim Crane, Charlotte Foley, Daniel Ghossain, Tariq Goddard, Rebecca Ivatts e a meu ex-orientador Alan Thomas, cujo estilo didático fez brotar a ideia deste livro.

Índice Remissivo